教育部中等职业教育专业技能课立项教材

连锁经营与管理

特许经营管理

TEXU JINGYING GUANLI

朱明侠　刘　瑶／编著

中国人民大学出版社
·北京·

图书在版编目（CIP）数据

特许经营管理/朱明侠，刘瑶编著. —北京：中国人民大学出版社，2019.3
教育部中等职业教育专业技能课立项教材
ISBN 978-7-300-26407-3

Ⅰ.①特… Ⅱ.①朱… ②刘… Ⅲ.①特许经营-经营管理-中等专业学校-教材 Ⅳ.①F713.3

中国版本图书馆 CIP 数据核字（2018）第 258282 号

教育部中等职业教育专业技能课立项教材
特许经营管理
朱明侠　刘　瑶　编著
Texu Jingying Guanli

出版发行	中国人民大学出版社		
社　　址	北京中关村大街 31 号	**邮政编码**	100080
电　　话	010－62511242（总编室）		010－62511770（质管部）
	010－82501766（邮购部）		010－62514148（门市部）
	010－62515195（发行公司）		010－62515275（盗版举报）
网　　址	http：//www. crup. com. cn		
	http：//www. ttrnet. com（人大教研网）		
经　　销	新华书店		
印　　刷	北京昌联印刷有限公司		
规　　格	185 mm×260 mm　16 开本	**版　　次**	2019 年 3 月第 1 版
印　　张	12. 25	**印　　次**	2019 年 3 月第 1 次印刷
字　　数	288 000	**定　　价**	29. 00 元

前 言

Preface

特许经营是国际公认的 21 世纪最有发展潜力的商业模式。它的本质是以知识产权的许可使用为核心的产权交易，是一种成功的商业模式、经济发展模式乃至社会发展模式。特许经营的商业模式，为全球中小企业的成长和个人创业提供了成功的途径。

随着我国经济的快速发展，特许经营这种商业模式已经进入了一个规范发展的新阶段。在市场日趋规范、进入门槛逐渐提高、加盟者更加理性的环境下，新进入者会更加关注特许经营体系的建设与完善，现有的特许经营企业会把内部管理和系统建设置于更重要的战略地位。为此，我们编写此书，希望能从理论和实务上给有志于从事特许经营的人士以支持和帮助。

全书分为九个项目，按照特许经营体系管理中所必要的环节来安排本书内容，包括特许经营招募管理、加盟手册设计、开店管理、单店布局管理、单店管理、单店员工管理、单店人力资源管理、单店督导管理、行政管理等。在编写的过程中，我们努力运用理论与实际相结合的方法，尽可能地吸取国内近些年来在特许经营发展方面所积累的理论和经验，以对特许经营的实务操作提供借鉴。本书不仅适用于中等职业教育特许经营专业的教学，而且能够对有志于发展特许经营事业的实践者和理论研究者提供一定的参考。

本书由对外经济贸易大学朱明侠教授、刘瑶博士共同编著。本书在编写过程中，主要以东莞市星瀚商贸有限公司、北京东方名剪美容美发连锁有限公司以及北京格伦国际教育科技有限公司为案例，并参考了国内外许多优秀的同类教材和书籍，同时也得到了许多同行的大力协助与支持，在此一并表示感谢。

本书结合了编者的多年实践经验，但由于编者水平有限、时间仓促，书中疏漏、不妥之处在所难免，恳请专家及读者批评指正。

目 录

Contents

项目一 特许经营招募管理

问题引入

特许经营企业拓展体系的首要任务是发展加盟商。如何能有效地吸引潜在被特许人加盟自己的体系，关键在于招募加盟手册的制定。许多成功企业的经验表明：招募手册制定得好，体系拓展就会很顺利，企业发展的步伐就会很快。那么，如何制定吸引加盟商眼球的招募手册呢？

任务导读

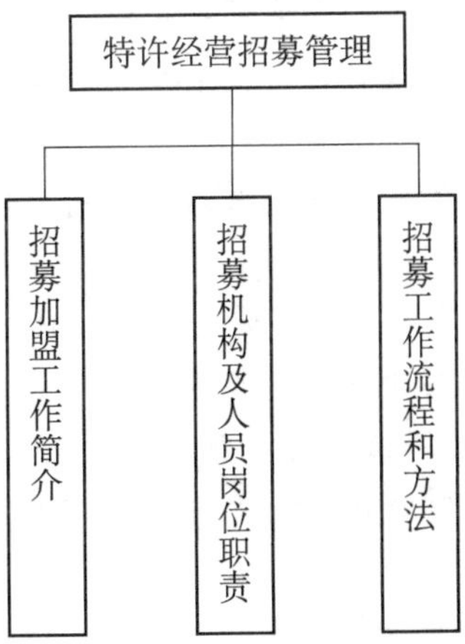

学习目标

知识目标： 掌握招募机构及工作人员岗位职责的设计。

能力目标： 掌握招募工作流程和方法；学会招募工作相关文件和表格的设计。

任务一　招募加盟工作简介

案例导入

上好便利店（广东省区域）特许经营招募手册

一、经营模式（加盟店）

1. 公司与加盟者签订一份合约，授权加盟者在约定区域内使用“上好”商标、商号、经营管理技术等，由加盟店投资，按公司有关规章制度进行统一规范管理，共享公司相关资源，并向总部缴纳一定费用。

2. 凡加盟店均须严格遵照本公司的六个统一，接受公司的管理模式：

（1）统一装修：为统一门店整体形象，由公司对店铺进行专业的统一装修设计及由公司指定专业的装修公司负责装修；

（2）统一供货：为保证商品质量及出于成本考虑，由公司或公司指定的供应商为门店统一配货，未经许可，不得私自进货，违者罚款，情节严重者取消加盟资格；

（3）统一管理：为规范门店管理、保证门店正常运作，公司管理人员根据公司的各项规章制度对门店进行统一管理、督查和指导；

（4）统一培训：公司对门店的从业人员进行统一的岗前培训、在岗培训以及相关的管理、营销、服务的技巧培训；

（5）统一促销：每逢节庆或重大节日、开业庆典，由公司统一策划营销方案，提高门店影响力和提升门店销售业绩，共同享受厂家的让利促销，共同承担相关费用；

（6）统一系统：为规范管理、降低损耗，对门店人员及商品实行信息化、数字化管理，门店统一使用“上好POS系统”对商品的毛利、成本、畅滞销商品进行数据分析和管理。

二、市场定位

1. 服务对象：厂区员工、社区居民、青少年；

2. 选址范围：居民区、工业区、学校、医院、住宅小区、商业旺区；

3. 店铺面积：30～120平方米；

4. 经营品种：精选2 000～3 000种日常生活必需的食品、副食品、日用百货等。

三、门店装修

公司提供门店装修设计及装修标准，并由公司指定的装修公司按相关要求和标准装修，装修费用由门店自行承担；公司负责工程质量监管及工程完工验收，并收取相关费用。

四、设备配置

店铺必须配置的设备有：收银台、组合柜、音响、立式冰柜、卧式冰柜、面包架、报纸架、广告架等。购置设备的所有费用由加盟者负责，但有些设备总部可争取供应商提供支持（如雪柜）。根据需要，店铺可增加部分设备，如散装柜、爆谷机、微波炉、热狗机、电饭煲、饮料机等。

五、证照办理

公司为加盟者提供一份允许加盟者使用的“星瀚”“Sunhigh”及“上好”中英文商标的授权书；门店营业执照及相关证件［卫生许可证、税务登记证（国、地税）、烟草专卖证等］由加盟者自行办理，总部会提供办证指导。

六、商品配送及结算

店铺经营的商品统一由公司指定供应商，指定商品目录和供货价格，由第三方物流直接将商品配送至门店；新门店第一批货款、设备购置费，在正式签约前由总部一次性代收，多退少补。

七、相关费用

相关费用情况见下表。

上好便利店投资基本项目明细（东莞区域）

项目名称	50平方米标准店投资费用预算	项目所含明细简介	备注
加盟费	5 000元	品牌加盟使用费，3年合同。	
履约保证金	10 000元	品牌加盟履约保证金，3年合同，合同到期后无息退还。	合同期满，可退还给门店
POS联网收银系统	15 800元	包含3G无线视频监控系统、1个摄像头，送价值1 000元上好店主卡。	
电子产品	免费安装	可安装拉卡拉，提供门店充值、支付宝充值条码。	可选项目
LED联网广告屏设备押金	1 830元	规格：长2米×高0.24米，显示内容统一由公司修改。	可退押金
东莞市场开业开办费	1 500元	铺位商圈市场调查、新店开业报货、配送物料、陈列摆货上货架、开业当天专人做促销、开业宣传单派发、发展部专人做门店推介等相关事宜。	
商品质量保证金	20 000元	加盟商在使用特许经营权的过程中为了履行商品质量或服务质量的保证义务而向特许人支付的保证金，合同到期后，若无违约行为，无息退还给门店。	合同期满，可退还给门店
开业商品配送款	20 000元	此项目为首批开业货款预算款中多于货款部分，按开业时实际送货到门店数量为准结算，多退少补。若门店在规定时间内未交齐货款，则延期开业，所有因此产生的问题由门店自行承担。	具体见送货清单，以实际金额为准
开业商品贷款	20 000元	新店可从公司贷款20 000元作为首批铺货，贷款期间内必须把每天营业额汇入公司账号，分期付款还清贷款，按银行利息结算。	
货架	9 000元	此为预算款，按实际送货单数量为准结算，多退少补。	具体见送货清单，以实际金额为准

续前表

项目名称	50平方米标准店投资费用预算	项目所含明细简介	备注
门店财产意外损失保险费	300元	门店财产意外受损时，经保险公司鉴定属实后会获得保险公司最高10万元赔偿，通常本月申请下月生效。	
年度培训资料费	600元	年度培训的资料费用。	
工程装修费	26 000元	门店所有上好便利店系统的装修项目，包括木工、电工、泥水、玻璃、杂项、灯箱招牌、玻璃腰线、广告等，包工包料。	具体见预算清单，以实际金额为准
设备及开业物料	13 500元	包括进口三门大冷柜，宣传品、打价机等开业必配项目。	具体见预算清单，以实际金额为准
费用合计	143 530元	品牌使用费500元/月。	

?问题与思考:

本招募手册由哪几部分构成?

知识探究

一、招募加盟工作的内容

(1) 研究和制定加盟商的加盟条件;
(2) 拟订年度招募计划;
(3) 策划招募活动和广告;
(4) 审核加盟申请;
(5) 与准加盟商商谈并签订加盟意向书;
(6) 与加盟商商谈并签订加盟合同。

二、招募加盟工作职业素质要求

加盟商的招募是特许经营总部的重要工作之一。总部配置有相应职业素质的人员专职负责该项工作。配置的人员要具备以下职业素质:

(1) 熟悉国家有关特许经营法律法规和政策;
(2) 熟悉公司历史、经营理念与企业文化;
(3) 熟练掌握公司制定的特许加盟合同的各项条款;
(4) 熟知公司招募加盟商的条件;
(5) 熟知公司特许经营业务内容;
(6) 具有良好的沟通能力;
(7) 具有丰富的谈判经验和谈判技巧;

（8）正直诚实，具有强烈的责任心。

资料链接

加盟流程

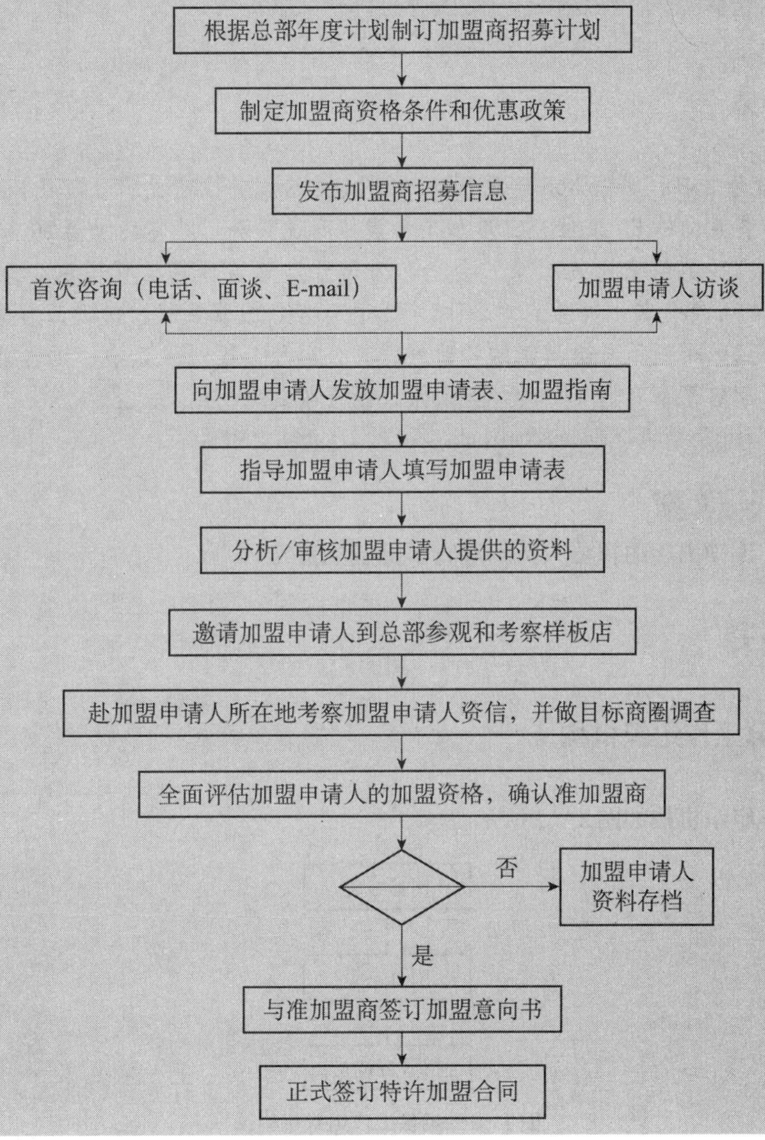

案例评析

上好便利店（广东省区域）特许经营招募手册主要由七部分构成：（1）经营模式（加盟店）；（2）市场定位；（3）门店装修；（4）设备配置；（5）证照办理；（6）商品配送及结算；（7）相关费用。

任务二　招募机构及人员岗位职责

案例导入

2014 年 3 月 2 日，驿家 365 连锁酒店“2014 首站加盟招商说明会”在邯郸曲周召开。来自各地有投资意向的 60 余位嘉宾参加了加盟招商说明会，共签约加盟意向书 15 份，打破了历届加盟招商签约意向的纪录。会上，公司开发总监郭鹏全程用家乡话介绍了驿家 365 连锁酒店的品牌优势，并重点对 2014 年加盟政策、投资回报、优选品牌等内容进行了深入分析和介绍，得到了与会嘉宾的一致好评。公司总工程师张速学、运营总监高洁进行了现场答疑，回答了嘉宾们关心的加盟政策、投资收益等问题。

资料来源：http：//info. meadin. com/pph/98799 _ 1. shtml.

？问题与思考：

驿家 365 连锁酒店的招募人员都履行了哪些职责？

知识探究

一、招募工作组织机构

招募工作组织机构如图 1 - 1 所示。

图 1 - 1　招募工作组织机构图

二、招募工作人员岗位职责

（一）招募经理岗位职责

（1）根据上级领导下达的年度计划，制订加盟商招募计划和工作进度、分阶段拓展目标、实施方案和执行策略；

（2）对分阶段目标进行任务分解、组织实施、督导完成，以减少或避免低效率；
（3）建立基本的加盟系统，制定加盟作业流程，设定合格加盟商的基本条件；
（4）负责对加盟商的资信及业务拓展计划（区域、店数、时间）进行审核及评估分析；
（5）负责对准加盟商招募的谈判及信息管理结果的呈报；
（6）负责对合约的解释说明和合约的签订；
（7）定期对本部门工作效率进行分析及评估，并指导部门人员进行整改；
（8）在本部门所属人员需要公司支援时，给予相应支援及与其他相关部门协调处理；
（9）对本部门所属人员规划的工作建议进行审核、评估；
（10）领导、培训、激励、评估及督导部门所属人员提高其业务水平及绩效；
（11）接受上级领导的业务督导和业务培训；
（12）与其他部门密切合作，完成上级领导布置的其他工作任务。

（二）招募主管岗位职责

（1）负责协助上级主管对加盟商招募工作制订计划、构思及协调安排；
（2）接受上级主管的业务督导和业务培训；
（3）与其他部门合作，完成上级主管布置的工作任务；
（4）负责协助上级主管对加盟店招募工作的计划构思及安排，协助上级主管推行招商活动；
（5）负责与准加盟商的联系、跟踪洽谈、谈判总结的呈报；
（6）参与招募加盟商的资格审核和评估分析；
（7）负责对竞争对手信息的收集及参与应对策略的制定。

（三）招募咨询员岗位职责

（1）负责“招募热线”的接听和客户咨询；
（2）负责对加盟申请人以书面、E-mail、传真等方式进行咨询；
（3）负责“加盟申请人数据库”的建设和维护；
（4）负责“加盟申请人数据库”的数据录入；
（5）负责所有加盟招募相关文件的编写；
（6）负责整理和保存所有加盟招募资料；
（7）参与招募加盟商的资格审核和评估分析；
（8）与其他部门合作，完成上级主管布置的工作任务；
（9）负责协助上级主管对加盟店招募工作的计划构思及安排；
（10）协助上级主管推行招商活动。

案例评析

招募人员负责企业的加盟招商说明会，与潜在加盟商沟通交流并签订加盟意向书，为公司寻找有意向的加盟商。

任务三　招募工作流程和方法

案例导入

特许加盟意向书

甲方：×××公司
总部地址：
法定代表人：

乙方：
地址：
法定代表人：

甲乙双方在平等自愿、协商一致的基础上，达成如下意向：

1. 甲方经考察，认为乙方初步具备在________（区域范围）开设并经营××加盟店的条件，在此同意接受其申请，并与乙方进行进一步的加盟谈判。

2. 甲方承诺如接受乙方为正式加盟者，将向其授予上述区域范围内特许经营权，乙方将有权在该区域范围内开设加盟店。

3. 乙方承诺如成为甲方的正式加盟者，将向甲方缴纳加盟金、特许权使用费、培训费、广告宣传基金和保证金。

4. 乙方在与甲方谈判中所获取的有关甲方的商业经营资料、信息，以及特许经营系统的资料、信息均属于甲方的商业秘密，乙方应采取相应的保密措施，保证其自身及工作人员不利用或向任何第三方泄露或交付任何第三方使用该信息资料；否则由乙方承担甲方因此造成的一切损失。

5. 甲方在与乙方谈判中所获取的有关乙方的商业经营资料、信息，均属于乙方的商业秘密，甲方应采取相应的保密措施，保证其自身及工作人员不利用或向任何第三方泄露或交付任何第三方使用该信息资料；否则由甲方承担乙方因此造成的一切损失。

6. 甲乙双方保证将尽力促成合同的谈判及特许经营合同的签订，任何一方均不得违反《合同法》第四十二条和第四十三条之规定，否则应向对方承担违约责任。

7. 本意向书于________年____月____日签订，自签订之日起生效。甲乙双方共同遵守，并据此谈判签订特许经营合同。

8. 甲乙双方应严格遵守本意向书的规定，履行本意向书的义务；任何一方当事人违反，均应向对方赔偿因其违约而遭受的一切损失。

9. 因本意向书产生或与本意向书相关的一切纠纷，应提交双方商定的仲裁委员会仲裁裁决，该裁决对甲乙双方均具有法律约束力。

甲方：　　　　　　　　　　　　　乙方：

法定代表人：　　　　　　　　　　法定代表人：

签约时间：　　　　　　　　　　　签约时间：

资料来源：朱明侠．特许经营手册设计．北京：中国人民大学出版社，2013.

问题与思考:

1. 加盟意向书的作用是什么？
2. 加盟意向书等同于加盟合同吗？

知识探究

一、招募方法

（一）制订总体特许加盟招募计划

招募计划的内容包括：

（1）在整个公司体系中特许经营业绩和公司直营业绩的比例；

（2）加盟商的数量；

（3）开拓加盟店的地区，每个地区计划招募加盟商的数量，加盟商所应该具有资金、经营管理经验和个人资信情况的条件；

（4）建立合理特许经营体系的要素：完善的经营理念、成熟的品牌战略、合适的行政管理手段、合理的财务监管机制和完善的物流配送体系；

（5）构筑合理的特许经营体系所需要的时间；

（6）对要进行招募工作的地区进行实际经济状况分析。

（二）制订年度招募计划

在这一阶段，工作人员必须清楚总部的经营目标、经营战略和经营方针，以使招募工作计划和进度与总部整体计划相配合。在此基础上，经过团队的集体讨论，用一个甘特图将全年的招募行动计划展示出来。应用甘特图的好处在于：在一张纸上，将各种资源在时间和空间上的分配做出充分和清晰的展示，同时可以明确地显示责任人和工作进度要求。

年度招募计划所应该包括的内容有：

（1）本年度计划招募的加盟商数量；

（2）开展招募活动的区域；

（3）每个区域的招募计划；

（4）招募活动的资金预算；

（5）合理的招募人员编制；

（6）在各个地区计划招募的加盟商数量。

（三）制定加盟条件和加盟商招募优惠条件

这一项工作是政策性相当强的工作，工作人员应当多做调查研究并多方征求意见。在此过程中，头脑风暴法是较好的决策方法。

在特许经营中招募加盟商的优惠条件包括：

（1）减免加盟费；

（2）在加盟的最初时期减少特许权使用费；

（3）对加盟商提供更加详细的指导；

（4）在物流和运输方面给加盟商提供更多有利条件；

（5）在必要设备的采购方面给予加盟商融资帮助。

二、发布加盟商招募信息

（1）定期在面向全国的媒体上发布通用招募信息；

（2）参加全国性和地区性特许经营展览会；

（3）在特定的区域性媒体上发布招募区域加盟商或单店加盟商信息；

（4）召开地区性的招募发布会，现场发布加盟信息；

（5）编制详细的宣传手册，向加盟商详细介绍加盟信息。

三、加盟申请人的咨询和信息收集

（1）首次咨询（面谈、电话、E-mail、传真）；

（2）向加盟申请人发放加盟申请表和加盟指南；

（3）指导加盟申请人填写加盟申请表；

（4）设立招募热线，由经过培训的招募咨询员值守，认真回答咨询，下班后热线应有自动应答功能；

（5）所有信件、传真、E-mail 每天由招募咨询员接收；

（6）招募咨询员记录所有的信息并填写招募信息记录表；

（7）招募咨询员负责将当日所有信件、传真、E-mail 整理归档；

（8）疑难问题由招募主管回答或记录后请教招募主管再回复；

（9）展览会及招募会现场咨询由招募经理负责；

（10）所有发出的书面文件要确保准确无误。

四、加盟申请人的考察和筛选

这部分工作内容包括：

（1）分析/审核加盟申请人提供的资料；

（2）邀请加盟申请人到总部参观和考察样板店；

（3）赴加盟申请人所在地考察加盟申请人资信，并做目标商圈调查。

这个阶段是与潜在加盟商进行大量沟通的阶段，也是宣传和推广特许经营体系的好机会。在这一阶段，我们在考察加盟商，加盟商也在考察我们。因此必须做到：

（1）清楚地向加盟申请人传达公司特许经营的理念、文化以及加盟条件、加盟优惠政策；

（2）样板店的规范操作及店面陈列要到位；

（3）赴加盟申请人所在地考察要细致、耐心、有效率；

（4）一个地区至少要选择两个加盟申请人作为候选对象；

（5）将加盟申请人的资料输入数据库。

五、加盟商资格的全面评估和合同意向书的签订

这部分工作内容包括：

（1）全面评估加盟申请人加盟资格，确认准加盟商；

（2）与准加盟商签订加盟意向书。

这部分工作属于决策性的，因而要求：

（1）加盟商资格的全面评估工作应由一个工作小组负责进行。小组成员应包括：招募经理、招募主管、财务经理、总部营运经理等。

（2）加盟商资格的全面评估使用打分制。评估指标包括：组织状况、资本信誉状况、业务拓展和管理能力、市场运作能力、社会关系、与总部的关系、经营方案等。经过上述全面评估，对一个城市而言，要从若干个加盟申请人中筛选出一个确认为准加盟商，然后填写一份准加盟商申报表报主管领导批准。

（3）经评估认可后的准加盟商要与特许人签订一个加盟意向书。

（4）经过上述全面评估暂时不能入选的加盟申请人也应得到妥善对待。由招募咨询员礼貌地及时通知对方特许人评估结果并表示感谢。

六、特许经营加盟合同的签订

在与准加盟商签订加盟意向书后，招募工作人员应就特许加盟合同及其附件的各项内容与准加盟商进行谈判。在完成上述所有准备工作之后，即应与准加盟商签订特许加盟合同和商标使用许可合同，同时总部授予加盟商相应的身份证书和标识。

七、招募人员工作守则和规章制度

（一）招募人员工作守则

（1）开拓进取、不怕困难；

（2）努力学习、不断创新；

（3）廉洁奉公、不谋私利；

（4）积极沟通、不厌其烦。

（二）招募工作规章制度

1. 工作计划

（1）年度计划；

（2）月计划；

（3）项目行动计划。

2. 信息反馈和报告

（1）出差到外地的人员每天必须与总部有电话、传真或 E-mail 联系。

（2）每天工作结束后必须召开全体人员参加的总结会议，交流汇总当天的各种信息，并整理和保存好会议记录。

3. 工作日志制度

（1）招募工作人员每日必须填写工作日志。招募经理周期性检查下属的工作日志，作为考核下属的参考。

（2）工作日志作为招募资料统一存档。

资料链接

申请者个人情况表

申请人姓名		身份证号					
通信地址						邮编	
电　话	（办）	（宅）				传真	
性别		出生年月		户籍地		婚姻状况	
身体状况		兴趣爱好及特长					
家庭住址							
家庭主要成员情况							
学校		毕业时间		专业		学历	
学校		毕业时间		专业		学历	
学校		毕业时间		专业		学历	
学校		毕业时间		专业		学历	
时间		单位		职务			
时间		单位		职务			
时间		单位		职务			
时间		单位		职务			

案例评析

加盟意向书是特许人与被特许人建立联系的第一步，是确定双方有意愿从事特许经营的书面文件。加盟意向书只能表明被特许人有意向加盟一个特许经营体系，并不等同于合同，不具备法律效力。

项目小结

特许经营是企业品牌价值的扩张。当一个特许经营企业想通过品牌价值来扩张其体系时，招募加盟商是必须采取的首要手段。本章主要介绍了招募加盟工作的重要性、招募机构及人员岗位职责、招募工作流程和方法，并对招募工作相关的文件提供了具有代表性的样本。

实操题

制作招募工作相关文件和表格。

项目二 特许经营加盟手册设计

问题引入

一个特许经营体系要保证加盟一家、成功一家，就必须提供完善的特许经营加盟手册，该手册是特许经营加盟管理的依据，也将成为指导加盟商的操作手册。那么，特许经营加盟手册应包含哪些内容呢？

任务导读

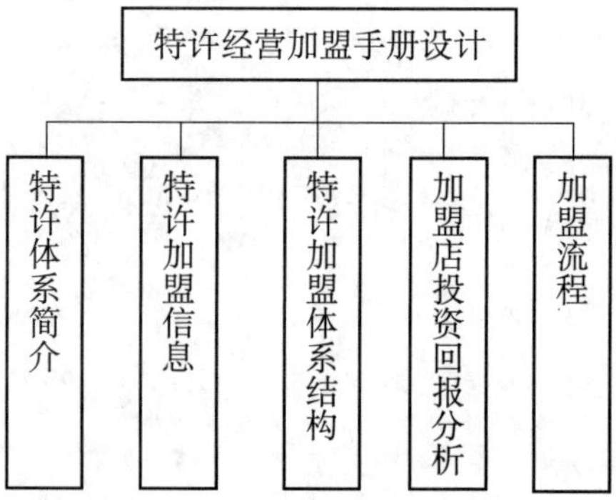

学习目标

知识目标： 了解特许经营体系的构成，了解特许加盟信息，学会投资回报分析。

能力目标： 掌握特许加盟体系结构，学会设计整个特许体系加盟流程。

任务一 特许体系简介

案例导入

赛百味是快餐业中的国际知名品牌，全球有超过 3 万家餐馆，赛百味加盟商由总部统一筛选，受许人参加为期两周的培训课程，赛百味在全世界有五个培训中心，其中一个就在北京，在那里以普通话授课。另外，赛百味加盟合同中明确指出寻找店址是加盟商的义务。然而，发展代理常常会给予协助。在北京的赛百味餐馆中，大约一半是由发展代理进行选址的，另一半由加盟商自己寻找地址。新加盟店营业一周后，如果加盟商要求更多的帮助，发展代理就要提供进一步的辅导。

资料来源：朱明侠，王晓民，牛志敏．特许经营案例研究．北京：中国人民大学出版社，2013.

？问题与思考：

赛百味为什么能达到如此大的规模并保持有序运营？

知识探究

特许人在特许经营加盟手册中应从以下几方面对特许体系进行介绍。

一、强调加盟特许经营体系的优势

（一）品牌优势

例如，×××商标于20××年在国家工商行政管理局注册商标。×××字号和图标在×××行业依法得到法律的保护。×××品牌在消费者心目中享有很高声誉，加盟×××，意味着你的事业有了强大的品牌支撑。

（二）专业领域的领先地位

例如，×××依托××集团有限公司，强大的专业技术背景使×××保持了技术上的优势，×××多年来总结并独创的服务管理经验和制度使它在全国××业当中处于领先地位。技术和服务上的优势奠定和保持了×××品牌的竞争力。

二、强调特许人对加盟店的支持

特许人支持组织或支持部门的主要职责是，促进被特许人之间充分、准确地交流。潜在的特许人应意识到人们寻求特许机会的主要动机一般是：赢利、自我经营的机会、能够成功运作自己的企业以及通过特许安排获得企业成长的机会。特许人支持结构的设计应能帮助被特许人实现上述目标。

例如，×××总部如同对待自己的直营店一样，把特许经营系统纳入×××整个体系当中，并使之成为其重要的组成部分。总部为加盟商提供强有力的经营保障，不仅能使经验有限的潜在加盟者向一个能独立经营特许经营业务的商人成功转变，更能使加盟商从总部不断地吸取知识、信息等有益于自身长远发展的养料，获得持续成长。

三、详细列出特许人支持服务的各项内容

（一）特许人培训支持

培训是任何成功特许企业的核心，是特许人发展计划的一个非常重要的组成部分。在某种意义上，特许经营可视为将成功模式或运营方法复制到其他地方的一种尝试。这在很大程度上依赖于从一处到另一处知识和技能的有效传播。培训能够开发被特许人成功所需的意见态度和知识技能。

许多希望成为被特许人的机构或个人往往缺乏其意向行业的特定经验，因此正式培训程序就成为传授成功商业运作模式的主要方式。一个优秀培训计划的投资将会得到大量的收入流，赢得被特许人的加盟，从而得到数倍的回报。被特许人遇到的大多数运营问题都可以通过适当的培训加以解决。特许人需要将下列因素整合到培训计划中：

（1）开业前培训；

（2）开业培训；

（3）开业后培训；

（4）运营中的支持培训；

（5）员工培训材料；

（6）会议/研讨会培训；

（7）企业的生产/运营方法；

（8）会计、市场营销、人事管理；

（9）发展和维护特许体系的有效方法；

（10）其他为被特许人提供的培训。

（二）沟通

特许人提供的支持和培训可以培育和维持特许经营的沟通体系。该沟通体系的有效与否将极大地影响系统的成败。当公司试图提高业绩和赢利能力时，被特许人必须明确地告知特许人在特许体系内所发生的各种活动和变化。通过精心设计的信息、认知和汇报体系实现有效的沟通，对受许企业的持续成长和发展是至关重要的。

沟通还包括特许人和被特许人各自公司内部上下级之间的沟通。沟通越有效，工作监管也就越有效。特许人和被特许人之间进行有效沟通的途径有下述几种。

1. 电话

特许体系中，需使被特许人知晓总部规划和当前活动，了解可以从特许方得到哪些帮助，同时要使特许人能够评估被特许人的表现或业绩。在这些活动中，电话联系是一种很重要的手段。它可以采用多种方式进行。有强烈服务导向意识的特许人鼓励其被特许人不仅要进行有计划的、例行的联系，而且要做随机访问，还要运用不同的访问方式，比如多个被特许人参加的电话会议等。

电话会议是一种同时联系多个被特许人的有效手段。这需要事前书信或电话安排以保证同一区域内的被特许人都能“出席”。通常电话会议是特许人通知被特许人新产品或新

服务、新的广告或将要举办的促销活动、新的竞赛或客户关系项目等事宜。电话会议是一种有效的方式，它向被特许人强化了其既作为独立经营者又作为特许体系团队一分子的重要性。特许人普遍认为电话会议成本低，因为它既能够传递良好的情谊又能达到预定目标。

2. 互联网与局域网

如今，特许人能够在网上给被特许人建议、跟他们沟通、培养品牌意识、提供优惠券、发展目标群体、吸引领导潮流的那些人并进行销售，甚至还可以进行市场问卷调查。此外，还可以将互联网发展成内部局域网，给予被特许人进入的私人通道，他们可以进入局域网并得到特许人提供的机密信息。内部局域网允许被特许人阅读特许人传来的报告、浏览运营手册和最新的更正。被特许人还可以跟其他被特许人在“聊天室”交流自己的感受和活动。

3. 电子邮件

电子邮件作为一种沟通方式已被许多人所接受。许多个人和公司不用电话或信函，而是通过电子邮件往来跟员工、其他公司、特许人、被特许人沟通。随着特许经营的发展，电子邮件也成为一种广受认可的交流手段。特许人可以每天给他们的被特许人发邮件，鼓励的话语、支持服务以及指导意见都可以很容易地传递，而费用却比其他通信方式低得多。

4. 书信联系

在给予指导和建议、提供广告和促销材料，以及讨论所面临的法律问题时，书信联系是最主要的一种方式。同时，书信也是汇报区域销售水平和公司内部人事变动、发布新闻以及给被特许人评估报告的一种主要方式。书信还经常用于随机访问或为电话会议后提供反馈信息；用于对广告、促销或一般性营销提出建议；也用于对被特许人提出的问题或事情给予答复。

5. 总部拜访

总部代表的亲自拜访对被特许人是非常重要的。这样的拜访通常是由特许人的地区代表进行的，但偶尔也会由特许总部的总裁、副总裁、特许主任、销售经理、地区或区域督导进行拜访。亲自拜访是特许总部用来激发、增进被特许人及其员工士气的有效公关工具，也是处理被特许人或特许公司所提问题的有效工具，它表明公司真正致力于解决此类问题的负责行为。

6. 会议/研讨会

（1）培训；

（2）社会事件；

（3）卖方展会；

（4）与特许方员工交流；

（5）与其他被特许方员工交流。

（三）管理支持

（1）前台接待/电话接线员；

（2）采购；

（3）信函收发室；
（4）选址/发展支持；
（5）技术支持；
（6）选址评估；
（7）被特许人咨询委员会。

（四）营销协助

（1）广告支持；
（2）被特许人广告委员会；
（3）消费广告；
（4）杂志广告；
（5）电视广告；
（6）广播广告；
（7）黄页广告；
（8）广告传单/小册子；
（9）门上小传单。

（五）手册支持

包括开店手册、员工手册、营运手册、店长手册、工具手册和商品管理手册。

（六）总体支持

包括培训、沟通、会议/研讨会、管理、营销与广告、手册、与其他被特许人的互动交流。

（七）加盟商的条件

（1）认同特许人的理念；
（2）认同所加盟行业的发展；
（3）认同特许经营方式；
（4）具有一定的资金实力；
（5）具有相当的经营管理能力；
（6）具有良好的服务意识；
（7）具有良好的沟通能力；
（8）具有团队精神。

如某服装品牌对加盟者的要求是：

（1）加盟商必须具备良好的品牌经营推广意识，认同现代营运及管理模式，在当地拥有良好的信誉和商誉。

（2）根据当地市场的具体情况（如人口、消费观念、购买能力、商铺租金、经济水平等），要求经营者具备足够的资金实力。

(3) 所经营店铺应选择当地繁华路段或当地高档消费商场，达到面积要求，并经双方核准。

(4) 配合公司的经营管理模式，维护公司品牌形象。

(5) 依法办理各种营业手续。

案例评析

赛百味能达到如此大规模并保持有序运营，得益于其高效的扩张策略和完善的全球运营管理系统，尤其是作为特许人对加盟商的支持，包括提供加盟培训、开店选址、长期辅导与服务以及与加盟商的人性化的沟通与交流。

任务二　特许加盟信息

案例导入

SK 服装公司在长期经营直营店的过程中，积累了丰富的品牌推广经验，总结出一整套行之有效的推广方法，使 SK 品牌概念——“低调的出位”通过差异化的方式深入人心。除了通过大众媒介广告提升知名度外，针对高档服装市场及消费者特性，SK 确定了“店面是最大的战场”“忠诚顾客（即会员）是最重要的目标”两大战略，并制定出切实可行的推广方案。

店面形象、店员服务、广告橱窗、会员制度建设管理等是 SK 不断与消费者进行深度沟通的重要途径。SK 与专业的店面设计公司及品牌推广顾问公司形成了长期的战略联盟，确保所有工作有规划、能落实、有奇效而且不断领先市场。对于店面设计，公司会因时间、环境的变化，结合 SK 品牌发展状况，适时给出调整建议。对于品牌推广，公司会结合 SK 的营销策略计划，制订不同阶段的广告推广计划。通过大量卓有成效的工作，会员销量占总销量的 50%以上，每一间门店都能取得良好的效益。SK 围绕差异化的品牌概念，通过店面、杂志、互联网、专业展会等传播渠道，进行整合传播，深入建立独有的品牌形象和品牌个性。

具体来讲，SK 总部负责全国性的广告宣传，不定期地选择有较高影响的媒体投放相应广告，如在时尚、精品、航空类等杂志和互联网登广告。公司还定期参加全国大型时装博览会，如中国国际服装服饰博览会等。在促销方面，SK 根据每季产品风格推出主题促销计划方案，根据不同季节卖点策划不同方式的橱窗设计方案，在经营活动中根据节假日推出促销用品（如打火机、烟嘴、烟灰缸、手表、红酒等）来协助销售。

SK 的店面广告推广分为三大部分：

第一，品牌形象推广。利用各种节假日，通过时时更新的橱窗广告，不断给消费者新的感受，加深其对品牌的理解与认同。

第二，促销推广。利用节日推出新颖独特、具有SK个性品位的礼品，大大促进销售的提升。

第三，大力推广会员制销售。会员制不仅仅是简单的一张折扣卡，更需要经常与会员进行情感沟通（如送生日卡、生日礼物、节日卡等），让会员最先知道新产品信息，并适当享有一些特权（如只有会员才可享受的优惠、仅供会员购买的产品等），这样才能让会员成为真正的朋友和忠诚顾客。尤其是针对库存而又不能让乱降价损坏品牌形象的情况，SK以只对会员优惠销售的方法，较好地解决了清货和保持品牌形象的两难问题。

资料来源：朱明侠．特许经营手册设计．北京：中国人民大学出版社，2013.

? 问题与思考：

1. 加盟商会得到的营销支持主要有哪几方面？
2. 哪种营销手段适用于餐饮特许经营企业？

知识探究

一、特许人的主要业务

介绍特许人的主要业务内容，让被特许人对特许人的业务有更深入的了解。例如，某美发企业的主营业务包括：洗头、45分钟按摩、发型设计、烫发、染发、剪发、焗油、相关产品销售及头发的护理与指导。

二、特许人的主要特许产品及服务

介绍特许人的产品，使被特许人对主要产品有所了解。例如，某服装企业的主要产品是高档男士服饰，企业旗下拥有男士西装、衬衫、领带等正装系列，T恤、夹克、休闲裤系列，皮鞋、皮具系列，围巾等配套产品系列。

三、加盟模式

发展一个特许经营企业的关键因素是加盟商的资金投入及管理理念。特许人一般都欢迎具有雄厚财力及对特许经营理念认同的企业家和投资者申请成为单店加盟商或区域加盟商。但区域加盟商的选择是非常慎重的，总部一般都是有选择地在部分地区招募区域加盟商。

特许经营加盟申请人应该是一个公司。如果个人或几个合作伙伴有足够的资金实力并确有意向加盟的，应在签订加盟意向书后按特许人要求注册独立的公司并以该公司的名义与特许人签订正式的特许合同。

四、加盟商应支付的主要费用

（一）加盟金

加盟金是指加盟商支付的一次性入门费。由于各地经济发展水平不同，加盟金的数额有所不同。

（二）特许权使用费

特许权使用费是指开业后特许人对加盟商持续支持所收取的费用。被特许人应按周、双周、月或年缴纳特许权使用费，一般为营业额的3%～7%。

（三）保证金（品牌保证金和履约保证金）

为保障双方合作，特许人要求被特许人支付一定的保证金，合同期满，被特许人无违反特许人管理要求的，特许人将一次性无息退返。

（四）培训费（开店运营后）

被特许人开店运营后可能会有培训成本，包括旅费和食宿费。

（五）广告宣传基金

一般为被特许人总收入的0.5%～4%。

五、加盟商选址指导

正确选址绝非易事，有很多要考虑的因素，财务因素是其中非常重要的一项。“选址比率”或“第一年销售额/启动成本”是特许零售业中一个非常重要的财务比率。当它大于等于1时为最佳。选址比率因特许体系的不同而不同，但是该原则对所有的特许人和被特许人都是非常重要的。

特许人将为加盟商提供几种不同类型店址方案供其参考，由加盟商在其加盟区域/商圈内自行寻觅符合合同要求的地址，再由特许人对加盟商初选的地址进行科学分析和评估。特许人对加盟商提议的店址有否决权，并且对所有租赁合同在签约前有知情权。

总部提供的选址支持有：根据对未来加盟店商圈进行实地考察和分析，利用丰富的专业知识和成熟的市场经验协助加盟商正确选址，力争做好开店的第一步。

六、特许人提供装修方面的帮助

一般特许人为加盟商提供全面的装修设计方案，由加盟商在当地寻找适合的装修商装修。特许人对店面装修验收合格后方可投入使用。

为了保持品牌的整体形象和定位的统一，总部提供店面装修方面的支持有：指导加盟商进行专业化的标准装潢，务求使各加盟商的店铺既能与总部保持高度一致，又能在不同的竞争环境中脱颖而出，赢得消费者的高注目率和好感度。加盟商按照全国统一形象进行装修，由总部免费提供统一装修方案，并由总部指定工程队施工，以保证品牌形象的一致性和品牌效应的优势。加盟商可根据业绩享受总部提供的装修费用赞助。在加盟商开业前，总部派出专员协助开展店面陈列工作。舒适、适当的店面陈列可以增强品牌对消费者的吸引力，有利于货品顺利销售。

七、特许人为加盟商提供的培训

（一）开业前培训

开业前期基本上是培训密度最大的时期。大多数特许体系要求开业前至少培训一周，有的则要求多达 300 小时。这种培训既有课堂教学，也有现场演示。培训主题涉及特许企业规划、招聘、采购、销售规划、广告、企业管理、现金和库存控制，以及生产/运营方式等。

（二）开业培训

开业培训包括一至两周的详细准备，培训人员协助被特许人筹备开业。培训人员独自或与被特许人一起在经营程序上对员工进行培训，包括服务/生产、融资、市场营销和经营等。特许人代表在新开张的分店顺利运作起来之前，经常会和被特许人待在一起，可能会在一起几天到几周不等。一些服务导向型特许人从培训开始到被特许人真正开业，会提供 2～7 周的培训。这段时间中，有 1～3 周是在总部集中培训，有 1～4 周是为即将开业做现场培训。开业运营的第一周特许人代表会一直和新加盟的被特许人在一起。大多数特许人认为应该由总部培训时的同一培训员一直跟踪到开业，这样的亲近感有助于特许人和被特许人建立商业关系，显示特许人为被特许人服务的承诺，并有希望赢得被特许人的忠诚、热情和团队精神。

（三）开业后培训

许多特许人向被特许人及其员工提供开业后培训。开业后培训因特许人不同和行业不同而不同。被特许人常有许多培训机会，诸如市场营销最新情况、行业趋势、新产品/服务开发、特许政策/程序变更、被特许人之间或特许人和被特许人之间的非正式思想交流等。

八、特许人为加盟商提供的营销支持

特许人有计划地在全国开展品牌形象宣传活动。特许人会根据加盟商所在区域的市场情况与其一起制订市场营销计划，组织各种促销活动，比如专家的支持、当地政府官员及名流的参与等。促销广告工作的重点包括：策划有创意的广告及促销活动，以提供给公众和目标消费群最佳的品牌印象。加盟商通过广告及促销活动增加在当地市场的影响力。特许人往往要求加盟商营业额的一定百分比必须用于广告宣传及促销。

九、物品采购相关规定

尽管被特许人必须按照特许协议中列出的清单采购规定的设备和产品，但通常来说不硬性规定被特许人从特许人处购买。被特许人可以从任何著名而可靠的供货商处购买全部产品；也可以从特许人处购买全部或部分产品。对其中大部分产品，特许人都有大量的供货渠道。开始时会建议被特许人从特许人信任的供货商处购买一些带有特许人商标或标志的产品。对于加盟商接受安排的物品采购，特许人一般不加价或收取佣金。

十、加盟店里出售的商品有无限制

一般来说，被特许人出售的商品必须遵守特许人的规定。加盟店内提供的产品和服务必须符合加盟合同和营运规范手册中的规定。新产品、新服务项目的开发由特许人负责。为了使加盟商适应当地市场的需求和激励加盟商的创新意识，特许人鼓励加盟商及时反馈当地市场的需求资讯，以便让特许人及时开发出符合顾客需求的商品和服务。

例如，某服装公司实行全国货品调配制，保证货品顺畅流通。根据市场环境、季节变化、消费趋势、加盟商自身状况、销售区域差别等因素，公司指导货品进销比例和种类的合理与平衡，保证加盟商货品与资金的有效利用和健康周转。

十一、特许人如何保障加盟店的营运品质

为保障加盟店的营运品质，特许人往往会制定严格的监控计划和实施方案。例如，在对员工的培训和日常管理中，特许人制定了严格的监控计划和实施方案，并定期派出督导员巡视各加盟店，来督导各加盟店对营运手册的执行情况，并随时予以培训、指导和纠正。

十二、特许人帮助加盟店的建立和管理业务

特许人往往将自己多年的经营经验进行科学的总结和提升，制定出一套务实的营运手册来指导加盟商对加盟店的营运和管理。对于新加入的加盟商，特许人一般会提供从开店到店面营运的全面支持，并成立专业的培训部门帮助加盟店建立业务。

（一）特许人的主要工作

（1）协助加盟商进行当地的市场调查和可行性分析；
（2）给予选址和店面装修以合理的建议；
（3）帮助加盟商培训员工和管理人员；
（4）协助制定加盟店开业典礼和广告促销及公关策划方案；
（5）解答加盟店管理出现的问题和指导如何处理顾客抱怨；

(6) 监督加盟店对营运手册的执行情况，保持特许人与加盟商的良好沟通和信息的及时反馈；

(7) 指导加盟商对潜在顾客的开发；

(8) 指导及帮助加盟商提升营销业绩。

(二) 初始服务

初始服务包括以下方面。

1. VI 规范手册

为了确保视觉效果的统一化、规范化，使加盟商在推广宣传及陈列方面有章可循，VI 规范手册给加盟店提供包括门头招牌的规范设计及使用方法在内的一系列视觉识别规范，同时也让公众接收到品牌的一致化信息，并形成良好视觉刺激，增强对品牌的好感度。

2. 人员培训

在人员培训方面，总部为加盟商的员工提供包括礼仪、服装知识、销售技巧、消费者心理等知识在内的基础培训。在经营过程中，总部会根据各加盟商的实际情况和要求提供不定期的培训和咨询服务，从而使加盟商获得长线的经营指导和资讯，以达到理想的销售业绩，确保竞争优势。

3. 新闻发布会

总部会举办新闻发布会，邀请加盟商参与洽谈商务和看样、订货，使加盟商提前了解业界最新信息，提供双方相互交流意见的平台，使品牌形象得以不断改善和提升。

4. 营运监督

经营过程中，公司不定期派员巡视监督加盟店的整体营运及经营状况，强调导购员的培训，对货品的陈列、店面运作给予指导。

5. 电脑营运系统

总部协助加盟店安装电脑管理 POS 系统，并负责提供培训，以保证加盟店的销售数据与总部有效共享。

6. 营销分析

总部全面实行货品销售跟踪管理，加盟店配合将每日的营业数据和资料反馈给总部，由市场营销员分析各加盟店的销售数据，为加盟商提供专业性进销建议。

7. 会员制度

总部为加盟商建立“会员制”，利用“会员卡”给予顾客一定的销售让利和售后跟踪服务，以更好地赢得顾客的满意。

(三) 后续服务

总部为了帮助加盟商成功经营业务，提供的后续服务主要包括营销策略、沟通策略、管理制度及经验等方面。

1. 营销策略

通过对行业市场的深刻洞察和对未来市场趋势的精准把握，总部系统性地给予加盟商最新的市场资讯、完整的行销策略，通过高层次的指导和帮助，使加盟商能获得长期、稳定、丰厚的市场回报。

2. 沟通策略

在对整体策略进行指导的基础上，根据实际经营中的具体情况，如吸收会员、新品推出、节日促销、换季促销等不同目的，总部制定相应的沟通策略，进行有效的广告、促销、公关等活动，帮助加盟商在与竞争者进行“短兵相接”时也能获得较大优势。

3. 管理制度及经验

总部提供专业化和系统化的贴身式服务，使加盟商能长期接受有关人事管理、财务管理、行政管理等先进的管理模式和理念，获得更高层次的受益，减少自身摸索成本及时间，以最快的速度成长。

十三、一家加盟店开业所需的时间

从与特许人接触到签订意向书，再到加盟店开业，需 4～8 个月时间。其中多数时间用来进行磋商加盟协议、培训、市场调查及选址、设计装修等环节。

案例评析

特许人给予加盟商的营销支持主要体现在品牌形象推广、促销推广以及会员制推广方面。对餐饮企业来说，吸引回头客的主要营销手段是发放折扣券。

任务三　特许加盟体系结构

案例导入

赛百味的特许经营体系中，总部下设区域总部，分管世界范围内的各个地区，汇总信息，统筹安排。各大区又被划分成为若干个小一级别的区域，每个区域配有一名发展代理，负责区域市场开发和对区内加盟商的监督管理。在这个体系中，特许人不会直接监管受许人，而是通过区域总部、发展代理逐层监控。发展代理有一定的决策权，在其区域内可以直接处理许多针对加盟商的管理事务，只有遇到重大事项时才向上一级汇报。

资料来源：朱明侠，王晓民，牛志敏．特许经营案例研究．北京：中国人民大学出版社，2013.

? 问题与思考：

赛百味的加盟体系结构是怎样的？有什么优势？

知识探究

以麦当劳和肯德基为例，其特许加盟体系结构图分别如图 2-1、图 2-2 所示。

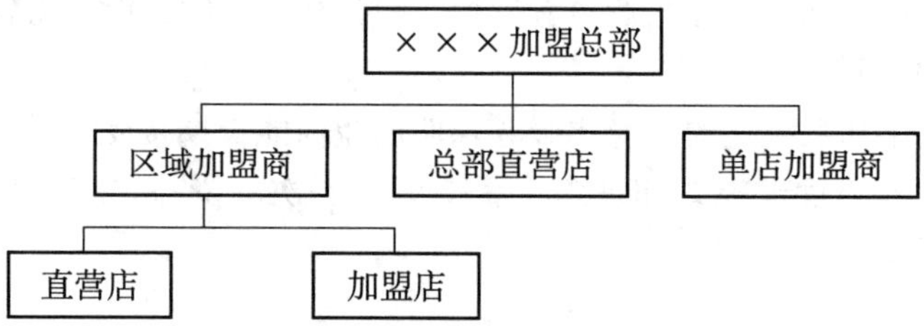

图 2-1　麦当劳特许加盟体系结构图

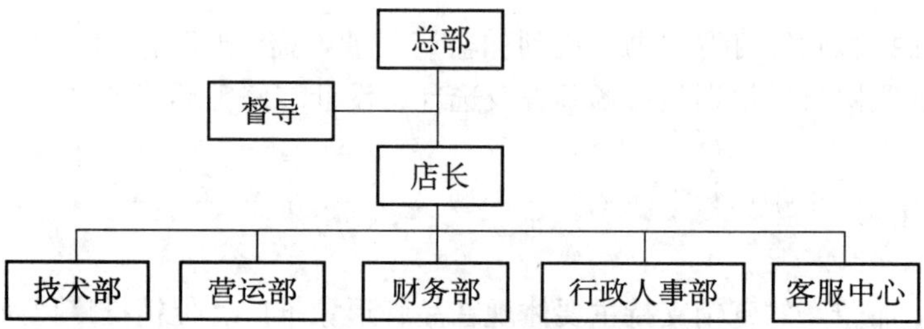

图 2-2　肯德基特许加盟体系结构图

特许加盟体系结构可以参照这两种形式来设计。

案例评析

赛百味的总部不需要亲力亲为，亦可掌握全局、运筹帷幄。这种加盟体系结构既强化了总部对整个体系的遥控，又细化了日常督导事务上的区域分工，运用到大型特许经营网络中非常奏效。

任务四　加盟店投资回报分析

知识探究

以某特许经营企业的某家直营店为样板店来进行分析。门店营业面积为 300 多平方米，年营业额为 550 万元。地段为该市的商业街近十字路口处，繁华程度中上等，周边以服装专卖店、酒店、西餐店、商场为主，属于典型的商业区，店面档次处于中高档的水平。

门店的规模、年营业额增长、地段、客流、人员等都具有代表性，因此，加盟店可以参照该门店的经营与投资情况对自己未来的经营与投资情况进行估计。

为计算简便，本估算假设：

(1) 不考虑资金的年值折现与通货膨胀因素的影响。

(2) 开店初期营业客流量为 80 人/天，并假设客流前三年以每年 50%的速度递增，人均消费 50 元。

(3) 店内工作人员按 40 人计算。

固定投资情况和前期投资情况如表 2-1、表 2-2 所示。

表 2-1　固定投资情况

项目名称	项目金额
加盟费/5 年	约 30 万元
装修费用/5 年	约 30 万元
设备费用/3 年	约 10 万元
合计	约 70 万元

表 2-2　前期投资情况

项目名称	项目金额
房租/年	24 万元
盘店费用	20 万元
办公杂费	1 万元
广告投入	2 万元
培训费用	2 万元
其他	2 万元
合计	51 万元

项目实际共投资＝70＋51＝121（万元）。

营业收入：开店初期客流量 80 人/天，按年均增长 50%速度递增，人均消费 50 元，则：

门店第一年年营业收入＝80×50×360＝144（万元）

门店第二年的营业收入＝80×1.5×50×360＝216（万元）

门店第三年的营业收入＝80×2.25×50×360＝324（万元）

门店发展进入稳定期后固定运营成本如表 2-3 所示。

表 2-3　固定运营成本情况

固定运营项目	固定运营成本/月
房租	2 万元
水电费	8 000 元
柴油费	1 500 元
伙食费	40×30×5＝6 000 元
员工住宿及水电费	3 000 元
内部管理费	500 元

续前表

固定运营项目	固定运营成本/月
环境卫生费	500 元
日常维修	500 元
合计	4 万元

门店固定运作成本=4×12=48（万元/年）。

门店的变动运营成本如表 2-4 所示。

表 2-4　　变动运营成本情况

变动运营项目	变动运营成本/月
员工工资	营业额的 42%
产品	营业额的 8%
税金及附加	营业额的 5.55%
洗涤费	营业额的 1%
易耗品	营业额的 0.1%
合计	营业额的 56.65%

门店第一年变动运作成本=144×56.65%=81.58（万元）

门店第二年变动运作成本=216×56.65%=122.36（万元）

门店第三年变动运作成本=324×56.65%=183.55（万元）

门店预计营业利润的计算公式为：

营业利润=营业收入－固定运作成本－变动运作成本

则：

门店第一年营业利润=144－48－81.58=14.42（万元）

门店第二年营业利润=216－48－122.36=45.64（万元）

门店第三年营业利润=324－48－183.55=92.45（万元）

投资回报计算如下：

第一年营业利润为 14.42 万元，约收回总投资额的 12%。

第二年营业利润为 45.64 万元，约收回总投资额的 38%，累计达 50%。

第三年营业利润为 92.45 万元，完全收回投资，盈余约 32 万元。

门店第四年后进入稳定成长期，每年都会有小幅度客流量的增加，届时每年能为加盟商带来近百万元的稳定收益。

任务五　加盟流程

知识探究

特许经营体系加盟流程如图 2-3 所示。

首次向总部咨询（电话、面谈、E-mail）
↓
索取加盟申请表、加盟指南
↓
提交上述资料给总部
↓
受邀到总部参观和考察样板店
↓
接受总部对申请人资信的实地调查，并配合总部做目标商圈调查
↓
通过总部全面评估申请人加盟资格，获得准加盟商资格
↓
与总部签订加盟意向书
↓
正式签订特许加盟合同
↓
筹备开业
↓
开业

图 2-3　特许经营体系加盟流程

资料链接

加盟申请表

请详细并完整填写表单内容，以确保我们尽快处理本申请。

<table>
<tr><td>申请加盟地区</td><td colspan="2">省</td><td colspan="3">市（县）</td><td colspan="3">区（镇）</td><td colspan="2">路</td><td>号</td></tr>
<tr><td>申请地区人口</td><td colspan="2"></td><td colspan="2">申请日期</td><td colspan="7"></td></tr>
<tr><td rowspan="11">基本信息</td><td>申请人姓名</td><td></td><td>□先生
□女士</td><td>籍贯</td><td colspan="5"></td><td>年龄</td><td></td></tr>
<tr><td>身份证地址</td><td colspan="3"></td><td colspan="2">身份证号</td><td colspan="5"></td></tr>
<tr><td>公司名称</td><td colspan="10"></td></tr>
<tr><td>公司地址</td><td colspan="10"></td></tr>
<tr><td>联系电话</td><td colspan="2"></td><td colspan="2">传真</td><td colspan="2"></td><td colspan="2">邮编</td><td colspan="2"></td></tr>
<tr><td>手机</td><td colspan="2"></td><td colspan="2">电子邮件</td><td colspan="6"></td></tr>
<tr><td>社会关系</td><td colspan="10"></td></tr>
<tr><td rowspan="3">过往工作经验或经营生意</td><td>时间</td><td colspan="6">名称</td><td>主管业务</td><td>是否专卖</td><td colspan="2">年营业额</td></tr>
<tr><td></td><td colspan="6"></td><td></td><td></td><td colspan="2"></td></tr>
<tr><td></td><td colspan="6"></td><td></td><td></td><td colspan="2"></td></tr>
</table>

<table>
<tr><td rowspan="4">投资管理</td><td>加盟预算投资</td><td></td><td>是否聘请专业店长管理店铺</td><td colspan="3">□是 □否</td></tr>
<tr><td rowspan="3">该店长的工作经验</td><td>时间</td><td>名称</td><td>职位</td><td>是否专卖</td><td>年营业额</td></tr>
<tr><td></td><td></td><td></td><td></td><td></td></tr>
<tr><td></td><td></td><td></td><td></td><td></td></tr>
<tr><td rowspan="11">市场信息</td><td colspan="6">当地最繁华的商业路段（商业步行街）</td></tr>
<tr><td colspan="6">您所选择店铺是否在此路段　□是　□否</td></tr>
<tr><td colspan="6">当地同行销售额前三位的品牌专卖店</td></tr>
<tr><td colspan="2">名称</td><td>地址</td><td>年销售额</td><td>店铺数量</td><td>面积</td></tr>
<tr><td colspan="2"></td><td></td><td></td><td></td><td></td></tr>
<tr><td colspan="2"></td><td></td><td></td><td></td><td></td></tr>
<tr><td colspan="2"></td><td></td><td></td><td></td><td></td></tr>
<tr><td colspan="6">您认为在当地可能开设专卖店的路段</td></tr>
<tr><td colspan="5">路段</td><td>预估年销售额</td></tr>
<tr><td colspan="5"></td><td></td></tr>
<tr><td colspan="5"></td><td></td></tr>
<tr><td>所选择店铺的地址</td><td colspan="6"></td></tr>
<tr><td>店铺使用期限</td><td colspan="2"></td><td>店铺经营面积</td><td colspan="3"></td></tr>
<tr><td>首期租金押金</td><td></td><td>转让费用</td><td></td><td colspan="2">每月租金</td><td></td></tr>
<tr><td>预估聘用人数</td><td></td><td colspan="2">店铺预算</td><td colspan="3"></td></tr>
<tr><td colspan="7">您所选择店铺的左右及对面已有的品牌专卖店</td></tr>
<tr><td colspan="7"></td></tr>
<tr><td colspan="2">当地消费群体最关注的品牌因素</td><td colspan="5">□品牌知名度　□货品质量　□货品价格　□服务　□购物环境</td></tr>
<tr><td colspan="7">您对当地市场的评估及见解</td></tr>
<tr><td colspan="7"></td></tr>
<tr><td colspan="2">您计划专卖店的开张日期</td><td colspan="5"></td></tr>
<tr><td colspan="2">您通过何种途径了解×××加盟计划</td><td colspan="5"></td></tr>
<tr><td colspan="2">您最关注的品牌因素</td><td colspan="5">□品牌知名度　□货品质量　□货品价格　□运作支援
□售后服务　□推广策略　□其他</td></tr>
<tr><td colspan="7">公司评估</td></tr>
<tr><td>评估人</td><td></td><td>审核</td><td></td><td>日期</td><td colspan="2"></td></tr>
<tr><td colspan="7">非常感谢您对×××的信赖与支持，我们将尽快回复您的申请。</td></tr>
</table>

项目小结

本项目主要介绍了如何设计加盟手册。编写加盟手册是特许经营体系拓展面临的首要问题。特许人要向加盟商全面介绍自身的特许经营模式、特许加盟信息、特许加盟体系结构、加盟店投资回报分析以及实际的加盟流程。

实操题

绘制一份特许经营体系加盟流程图。

项目三 特许经营开店管理

问题引入

成功的特许经营企业，比如国际快餐连锁企业肯德基，它的开店指南厚达六百多页，其中详细说明了开店相关事宜，为特许经营开店的顺利实施提供了基础。那么，特许经营开店管理包含哪些内容呢？

任务导读

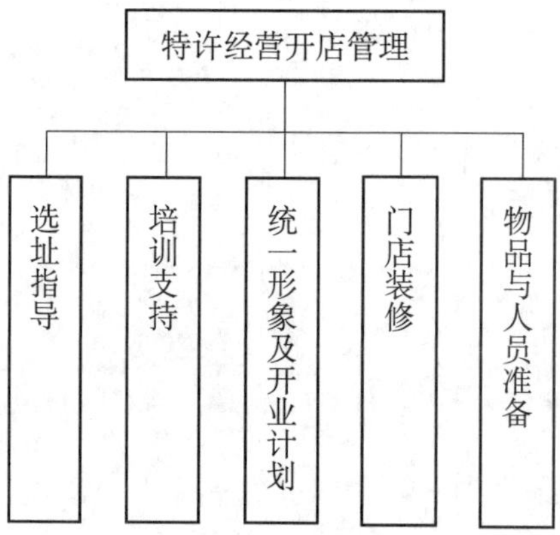

学习目标

知识目标：了解特许人为加盟商开店提供的支持，如选址、培训、企业形象统一设计以及开业计划。

能力目标：掌握开店的各种技能。

任务一 选址指导

案例导入

在成都大慈寺一带，由于街边树木茂盛，街道两边的店铺很不显眼，行人根本就看不清店铺的门面，因而，人们一般很少停留。但在康佳商务楼附近的商铺情况却截然不同，这得益于安利在此经营，聚集了大量的人气。

问题与思考:

1. 为何不同的店址位置情况会截然不同?
2. 店址选址主要应注意哪些问题?

知识探究

在连锁经营行业，人们一谈到开店的成功要素就会说“第一是选址，第二是选址，第三还是选址”，可见选址对开店成功盈利的重要性。但很多企业往往没有将选址模型纳入盈利模式的范畴，认为选址只是操作层面的问题。这些企业没有意识到开店经营必须是在一定的市场环境中进行的，而选址就是对开店环境的选择。

所谓选址模型，就是连锁店选址的原则和条件要求，比如商圈人口数量、收入状况、店铺位置和结构以及面积等。由于区域市场的巨大差异，选址模型需要考虑几种不同的方案，比如，在一二级市场和三四级市场的选址模型应当有所差异。即便在同一市场，在不同商圈的选址模型也应该有差异，比如在商业区和居民区的选址条件和标准就不一样。

一、城市基本状况数据采集

（一）城市人口、地理状况

城市人口状况包括：城市总人口（单位：万人）、市区人口（单位：万人）、人口结构；有学习需求人员数量所占比例；市区家庭户数、户均人数；相关行业机构数量；城市从业人员数量、私营企业人员从业数量。

城市地理状况包括：总面积（单位：平方公里）、市区面积（单位：平方公里）、市区人口密度（人/平方公里）。

以上数据采集是为了剥离出我们的消费主体，算出市区人口密度及我们的未来店面需要覆盖的面积。数据来源主要是统计局、规划局、民政局（亲自去或上网查均可）。

（二）区县人口、地理状况

与上述城市指标等同。数据来源是统计局、规划局、民政局（亲自去或上网查均可）。

（三）城市未来发展规划

确定市区扩容是以“摊大饼”形式还是以新建“卫星城”形式发展；扩容方案是否实施，若实施已到何种程度。城市扩容速度快，对旧有销售格局的冲击就大，进军该市场机会就多，同时难度相对低，成功的机会大。市区若以“摊大饼”形式扩容，则环路成为店址的首选；市区若以新建“卫星城”形式扩容，则旧城与新城的连接干道成为店址的首选。数据来源有规划局及实地验证（亲自去或上网查均可）。

（四）交通情况

市区公共汽车有多少条线路，它们的总里程数；近三年的载客数及未来几年的发展规划；每条线路的票价及月票的价格；汽车的现有数量及前两年的数量；是否有有轨交通，若有，有几条线路、票价情况如何；出租车拥有量及每公里价格；机动车状况、私家车比例及近三年变化情况、小客车与货车比例。

以上是为了解该城市百姓的基本出行方式。数据来源是交通局、公安局、公汽公司、出租车管理局及统计局（亲自去或上网查均可）。

（五）相关行业市场状况

如教育培训机构的选址应了解本区域各阶段学生数量及入学率；本区域各阶段学生参加课外培训人数所占比例；本区域教育培训机构、咨询机构的数量及经营状况等。

（六）各商圈房屋租金状况

首先把全市的商业街划分为四种类型：一类最好；二类次之；三类有潜力；四类暂无价值。然后采集每一类的市场报价，包含大型底商、综合楼、商品市场、临街铺面房、写字楼、住宅楼。以上是对该市租金整体状况进行摸底。数据来源是各中介公司及市场调研。

（七）经济发展状况

国内生产总值及近两年增长率、人均 GDP、社会商品零售总额、人均消费总额、人均收入、主要行业岗位人均收入等。数据来源是市统计局及市场走访调研。

（八）未来竞争对手状况

市区相关行业机构数量及每家营业额、每个门店的面积、市区机构总经营面积、经营项目集中度调查。

（九）媒体状况

平面媒体有几家，每家发行量、发行对象、发行方式、每年广告分类收入、广告报价；广播媒体有几家，收听覆盖率对比、受欢迎栏目时段收听率对比、广告报价；电视媒体收费报价；平面广告公司报价采集；DM 广告发行报价采集；户外广告报价采集。

此外，还包括办公用品及消耗品报价采集，各政府职能部门办公流程、各项优惠政策采集等。

二、撰写调研评估报告

（一）体例

以说明文为主列举数据进行说明，并附以事例及现场图片。

（二）方法

根据各种相关数据进行论证：分析该城市的经济发展速度、城市规模、是否适合开连锁店。分析进入该城市的投入产出比，需要开多少家店才能基本覆盖，第一年的营业额预测及各项费用支出预算。根据目标消费者数量分析该区域整体行业第二年的增长潜力。分析客流规律及消费潜力、交通地理条件、竞争激烈度、人力成本、广告宣传成本、人文状况以及其他影响经营的因素，如政府的工作效率等。

三、加盟服务中心店店址选择

（一）选址的原则

加盟商必须按总部所提供的选址标准和方法选择目标店面，判断加盟店经营地址是否合理，考察是否具备以下四个基本条件。

1. 优越的地理环境

作为消费者，进入加盟服务中心店的第一评判标准就是店铺的地理环境。试想一下，店面在垃圾堆旁或者店内尘土飞扬、声音嘈杂，谁会愿意在里面停留？哪怕店里的项目很有前景，消费者恐怕也会想："这么差劲的地方怎么能有好的保障呢？"因此，总部要求每一个中心店负责人有责任为顾客提供舒适放心的周边环境。

2. 便利的交通条件

交通问题对每个人来说都很重要。店铺位置的交通是否方便，是直接影响客流量的重要因素之一。通常而言，进入中心店的顾客数量和当地交通流量成一定比例。繁华的商业区交通都很方便，往往有众多公交线路可供选择，方便顾客来店咨询。加盟服务中心店一般集中在繁华的商业闹市区、大型商业地产区或院校聚集区等。

3. 大规模且拥有旺盛消费能力的目标顾客群

加盟服务中心店服务区域的人口状况是选址考虑的关键性因素。一般而言，加盟服务中心店所在商圈人口越密集越好，最重要的是目标顾客越密集越好，并且拥有旺盛的消费能力。

4. 合理的店铺面积且具备长期经营的条件

根据商圈大小，要合理地规划店铺的面积。并且，店铺具备长期经营的条件才有利于品牌的建设。

店址的选择，是一项关系着店面未来的经济效益和发展前景的重要工作。通过我们对该城市的调查分析，寻找一年内能产生利润并有明显增长趋势的店址。有可能的话还要预测所选店址的销售额、成本和利润及未来的增长潜力。

（二）选址的基本要素

在目标商圈的选择上，要把重点集中在商圈是否符合品牌的市场定位、商圈的稳定性和成熟度上，选址目标主要包括以下方面：

（1）目标商圈方圆3千米区域内（10万～30万人）居民聚居、人口集中的地方是适宜设置店面的地方。

（2）交通方便，乘客上车、下车最多的车站的附近，地铁旁边的物业。

（3）位于高档商圈，面临主干道。门店设在三岔路的正面、拐角的位置也是很理想的，它位于两条街道的交叉处，是人流的停滞点，可以产生“拐角效应”。

（4）有充足的停车位（30～100个）。

（5）所处位置在当地有较高知名度。

（6）确定目标店时，应争取更多的户外广告位置。

（7）参考不同商圈的店租价格。

（三）选择开店的商圈

（1）最佳目标店：院校区、商业街等。

（2）最差目标店：僻静的小街小巷、人口稀少的居民区、居民人口老龄化的区域等。

（3）装修定位：店内装修要符合总部统一的VI标准，店内环境一定要保持清洁。

（四）选择开店的方位

（1）与其选择现在被商家看好的店址，不如选择不久的将来会由冷变热而目前尚未被看好的店址。这样的门店位置费用低、潜在的商业价值大。因此，应特别留心城市建设的发展带来的变化。

（2）选择靠近大公司、大店铺的街道一边。这样有机会获得更多顾客，并且方便来过的顾客向别人介绍，比较容易指引他人光顾。

（3）选择靠近人口会增加的地方。住宅区的发展、新机构的设立，会给门店增添顾客，使今后的发展更具潜力。

（4）选择经营方向相辅相成的门市作邻居。

（5）选择门店位置时，还应重视门店所在建筑提供的设施是否符合经营要求。

（6）在同一条街道两侧选择门市位置，以客流量多、能见度高、交通不易堵塞的位置为佳。

（五）预测销售额的因素和方法

1. 因素

（1）市场容量及竞争情况；

（2）交通情况；

（3）方圆3千米内人口数量及人口基本素质；

（4）店面情况；

（5）未来城市规划。

2. 因素分析方法

（1）调查相关行业机构数量及竞争情况。调查本区域相关行业机构基本情况（员工数、年销售额、机构数量等），将调查情况列表。

（2）调查交通情况。

第一步：购买城市地图，可计算该城市共有几条环线、几条放射线，环线和放射线交叉口是较好的店面位置，将交通状况整理列表。

第二步：按交通状况表，通过步行观察每一条道路和路口的客流状况，排除周边无住户路段，确定重点调查路口和路段，调查客流量和公交线路状况，依客流量大小进行排列。

第三步：确定主商圈。

（3）目标店址方圆 3 千米内居民调查。

根据主商圈寻找可出租的店址，主要有新建底商、高档商城等，可主动找主要负责人面谈，面积在 30～50 平方米。对目标店址应调查周边 3 千米之内的顾客群。

（4）调查店面情况。

（六）应该注意的问题

1. 注意租赁房屋

租赁之前，应先了解房屋的基本条件及价格，查看房屋的产权状况，实地考察，看是否适合经营、房屋有无破损、楼面的受力以及水电等情况，了解房租情况。

2. 注意城镇的发展规划

有些城镇人口稠密区和商业繁华区在不断增多和扩大，都挤在城市某一块地方是不可能的，必须四面扩张，但扩张不是相等平齐的，而是有条件和有先有后的，选择场地就要注意到这一点，用长远的、发展的眼光对待这一问题。

3. 抓紧时机

要选择的场地只要基础好、有发展前途，看准了就要下决心定下来，即使环境和条件差一点，也可以边经营边建设，逐步改善环境，创造好的条件。如果犹犹豫豫、当决不决，就会错过商机。

（七）城市发展部调研员工作内容

1. 城市基本状况调查

（1）本市全年常住人口数；

（2）本市辖区人口数；

（3）本市学生人口数；

（4）城市总面积；

（5）人口密度（人口密度＝总人口数÷总面积）；

（6）全市年人均收入（以公布的资料为主）。

2. 相关行业机构基本状况调查

地理位置、场地面积、租金状况、硬件环境、外观照片、经营内容、服务特色、客流情况、经营额度、广告内容、宣传特色、办公状况、人员总数及其他说明。为每个中心店建立一份档案，按门店分类，将店面详细情况归档。

3. **预选店址**

附照片一套、目标店所处位置地形图一套。调研员认真填写各项数据后上报总部。加盟商可根据实际需要进行选择、修改。

资料链接

教育咨询机构预选店址数据调查表

<table>
<tr><td>城市名称</td><td colspan="8"></td></tr>
<tr><td>调查人</td><td colspan="4"></td><td colspan="2">调查时间</td><td colspan="2"></td></tr>
<tr><td rowspan="2">项目</td><td colspan="4">节假日</td><td colspan="3">平时</td><td rowspan="2">备注</td></tr>
<tr><td>方向</td><td>机动车</td><td>非机动车</td><td>行人</td><td>方向</td><td>机动车</td><td>非机动车</td></tr>
<tr><td rowspan="4"></td><td>东—西</td><td></td><td></td><td></td><td>东—西</td><td></td><td></td><td></td></tr>
<tr><td>西—东</td><td></td><td></td><td></td><td>西—东</td><td></td><td></td><td></td></tr>
<tr><td>南—北</td><td></td><td></td><td></td><td>南—北</td><td></td><td></td><td></td></tr>
<tr><td>北—南</td><td></td><td></td><td></td><td>北—南</td><td></td><td></td><td></td></tr>
</table>

<table>
<tr><td>道路名称</td><td colspan="2"></td><td colspan="2">时间</td><td colspan="3"></td></tr>
<tr><td rowspan="2">时段</td><td colspan="2">机动车流量（辆）</td><td colspan="2">非机动车流量（辆）</td><td colspan="2">人流量（人）</td><td rowspan="2">备注</td></tr>
<tr><td>上行</td><td>下行</td><td>上行</td><td>下行</td><td>上行</td><td>下行</td></tr>
<tr><td>7—8</td><td></td><td></td><td></td><td></td><td></td><td></td><td></td></tr>
<tr><td>8—9</td><td></td><td></td><td></td><td></td><td></td><td></td><td></td></tr>
<tr><td>9—10</td><td></td><td></td><td></td><td></td><td></td><td></td><td></td></tr>
<tr><td>10—11</td><td></td><td></td><td></td><td></td><td></td><td></td><td></td></tr>
<tr><td>11—12</td><td></td><td></td><td></td><td></td><td></td><td></td><td></td></tr>
<tr><td>12—13</td><td></td><td></td><td></td><td></td><td></td><td></td><td></td></tr>
<tr><td>13—14</td><td></td><td></td><td></td><td></td><td></td><td></td><td></td></tr>
<tr><td>14—15</td><td></td><td></td><td></td><td></td><td></td><td></td><td></td></tr>
<tr><td>15—16</td><td></td><td></td><td></td><td></td><td></td><td></td><td></td></tr>
<tr><td>16—17</td><td></td><td></td><td></td><td></td><td></td><td></td><td></td></tr>
<tr><td>17—18</td><td></td><td></td><td></td><td></td><td></td><td></td><td></td></tr>
<tr><td>18—19</td><td></td><td></td><td></td><td></td><td></td><td></td><td></td></tr>
<tr><td>19—20</td><td></td><td></td><td></td><td></td><td></td><td></td><td></td></tr>
<tr><td rowspan="2">合计</td><td></td><td></td><td></td><td></td><td></td><td></td><td rowspan="2"></td></tr>
<tr><td colspan="2"></td><td colspan="2"></td><td colspan="2"></td></tr>
<tr><td>调查人</td><td colspan="7"></td></tr>
<tr><td colspan="8">1. 全年常住人口________万人</td></tr>
<tr><td colspan="8">2. 其中市辖区人口________万人</td></tr>
<tr><td colspan="8">3. 城市总面积________万平方千米</td></tr>
<tr><td colspan="8">4. 全市国内生产总值________亿元</td></tr>
<tr><td colspan="8">5. 全市城镇居民年人均可支配收入________元，人均消费支出________元，全市农民年人均收入________元，生活消费支出________元</td></tr>
<tr><td colspan="8">6. 本区域各阶段学生入学数量分别为：幼儿________小学________中学________大学________研究生________继续教育________</td></tr>
</table>

7. 本区域各阶段学生参加课外培训所占比例分别为：幼儿________小学________中学________大学________	
8. 本区域教育培训机构数量为________，经营状况：良好□ 一般□；教育咨询机构数量为________，经营状况：良好□ 一般□	
数据来源	
调研人签字	
填表日期	

调查人			调查时间		
目标店基本情况	地址：________区________街________号				
	建筑面积________平方米，使用面积________平方米 主体结构：框架结构□ 砖混结构□ 简易结构□				
	租赁楼层分布________层，层高________，始建日期________				
	正门朝向________路，旁门朝向________路，主干道路名称________				
	房产性质：固定□ 临建□ 租赁□ 自行开发□ 产权所有人________，初谈租金________元/天·平方米，________元/年·平方米				
	联系人姓名		职务		电话
备注：需另附目标店建筑平面图（A4纸）；目标店所处区域具体位置图（可用当地交通地图局部复印，A4纸）					

目标店周边环境（以3千米为辐射半径）	人口密度	40万人以上□　30万～40万人□ 20万～30万人□　20万人以下□
	家庭人数	5人以上□　3人以上□　2人□　1人□
	文化水平	本科以上□　高中以上□　初中□　初中以下□
	流动人口数量	人口密度的30%以上□　人口密度的20%～30%□ 人口密度的10%～20%□　人口密度的10%以下□
	职业构成	公务员□　国企□　私企□　其他□
	收入水平	5 000元以上□　2500～5 000元□ 1000～2 500元□　1 000元以下□
	消费水平	月收入的50%以上□　月收入的30%～50%□ 月收入的10%～30%□　月收入的10%以下□
	产业结构	商业区□　工业区□　农业区□

调查人							
调查项目		一类商圈租金		调查日期			
序号	街道名称	1 500m² 以上底商（元/m²）	商品房（元/m²）	铺面房（元/m²）	综合楼（元/m²）	写字楼（元/m²）	住宅楼（元/m²）
1							
2							
3							
4							
5							

调查项目		二类商圈租金		调查日期			
序号	街道名称	1 500m² 以上底商（元/m²）	商品房（元/m²）	铺面房（元/m²）	综合楼（元/m²）	写字楼（元/m²）	住宅楼（元/m²）
1							
2							
3							
4							
5							
调查项目		三类商圈租金		调查日期			
序号	街道名称	1 500m² 以上底商（元/m²）	商品房（元/m²）	铺面房（元/m²）	综合楼（元/m²）	写字楼（元/m²）	住宅楼（元/m²）
1							
2							
3							
4							

案例评析

开店选址口岸是流动的，随着市场的变化而移动；开店选址口岸也是相对的，繁华地段也可能有假口岸。开店选址阴岸指位于绿树成荫的背后或有较大广告牌遮挡一类物体的口岸。开店选址要注意规避这种店址。

任务二　培训支持

案例导入

培养了全中国 3 000 多位酒店总经理的如家管理大学，面向酒店行业全面开放专业的人才教育资源。在联盟体系内，根据各个品牌的区域特色、发展阶段、品牌特色进行课程开发和课件共享。在联盟体系内建立相互学习、相互促进的长效培训机制。如家酒店集团专职培训机构有 20 多位专职讲师、300 多位兼职讲师和 50 多位社会特聘讲师。讲师都来自酒店经营管理一线，对酒店市场运作有多年研究，具有非常丰富的实战经验和理论基础。教学过程中，学校注重课堂教学与现场实践的充分结合，用寓教于乐的教学方式提高学员的综合素质和管理能力。

资料来源：http：//www. homeinns. com/news/detail/61.

? 问题与思考:

如家是如何提高酒店负责人的管理能力的?

知识探究

本部分内容以北京格伦国际教育科技有限公司为例进行讲解。

一、开店前培训

(一) 第一天上午：总部介绍及服务中心的发展前景规划

(1) 公司的由来；
(2) 公司的历史；
(3) 公司的文化；
(4) 公司的目标；
(5) 公司的远景；
(6) 公司的近期活动安排；
(7) 公司在当地教育发展中的意义和作用、员工平台和发展；
(8) 公司的优势及特点。

(二) 第一天下午：开店确立目标方案

(1) 自我介绍；
(2) 讲解团队的重要性；
(3) 分组，成立地区服务中心、人员分工、运营方案草案（包括：公司名称、地点，开业前行动启动时间表、开业策划，公司架构、公司口号，短期目标、长期目标，行动计划等)；
(4) 合影留念；
(5) 运营模式；
(6) 商业模式；
(7) 服务模式；
(8) 经营模式；
(9) 竞争优势。

(三) 第一天晚上：优化草案

各组提交运营草案，集中分析，优化草案。

(四) 第二天上午：销售环节精讲

(1) 业务流程讲解及模拟演练；

(2) 销售理念;

(3) 四维互动式销售:代理式营销、会员式营销、会议式营销以及广告营销销售案例分析;

(4) 客户选择常见错误及客户选择心理变化;

(5) 会议式营销的重点;

(6) 会议式营销的流程;

(7) 邀约话术模拟;

(8) 标准的邀约话术;

(9) 电话邀约的三个要素;

(10) 礼仪培训;

(11) 模拟演练:电话邀约中遇到的问题及解决办法。

(五) 第二天下午:销售环节精讲

(1) 巩固复习:邀约要点、销售的四个阶段及关系;

(2) 学习会议程序流程;

(3) 学习用户注册手册;

(4) 电脑实操“人生规划专家测评指导系统”;

(5) 电脑实操“学习、成长、就业”一站式服务管理系统;

(6) 面对面营销流程及经典问题。

(六) 第二天晚上

(1) 会议式营销模拟演练;

(2) 面对面营销模拟演练;

(3) 邀约话术模拟演练;

(4) 提高成功率的要素及分析。

(七) 第三天:项目承接及操作

(1) 教育咨询项目分类及目标客户特征;

(2) 教育咨询项目操作思路及案例分析;

(3) 劳动就业项目分类及目标客户特征;

(4) 劳动就业项目操作思路及案例分析。

(八) 第四天:营销方案

(1) 营销方案分组制定,讨论;

(2) 企业管理;

(3) 管理制度;

(4) 财务制度;

(5) 学习制度;

（6）会议制度。

（九）第五天上午：销售实战

（1）分析准客户特征；
（2）分析成交客户的特点；
（3）跟单过程中客户的心理变化；
（4）销售的核心理念；
（5）如何激励用户；
（6）团队凝聚力培训。

（十）第五天下午

（1）运营手册学习；
（2）学习力培训。

（十一）第六天上午：完成各地运营方案

（1）四维互动营销工作计划表；
（2）形成各地运营方案；
（3）明确各岗位职责、任务目标；
（4）根据目标，各岗位落实达成目标、任务、职责及行动时间表；
（5）常见问题总结。

（十二）第六天下午

团队凝聚力培训。

（十三）第七天

（1）各地服务中心运营方案审核；
（2）骨干业务人员考核；
（3）每人发言，分享对项目的看法及培训感受和建议，目的在于联络感情、增强信心。

二、后续培训

总部在服务中心店开业以后，会根据各地发展的实际情况不定期对中心店负责人进行系统培训，以帮助其更好、更快地提高绩效，获得良好收益。

三、培训资料支持

总部会有一系列的培训资料供加盟商学习，中心店开业之前和开业之后均有相应培训资料支持。

案例评析

如家通过创办企业大学，聘请有一线经验的专业讲师，理论与实践相结合，培养具有酒店管理能力的人才。

任务三 统一形象及开业计划

案例导入

康洁洗涤国际连锁有限公司正式启用新的企业形象识别系统，全国400多家连锁店已经焕然一新，康洁公司定位更加国际化、年轻化、时尚化，更加符合大众的消费需求，一体化的全新服务系统也正式全面对外公开实施。康洁公司斥资数十万元请专业公司制作了《企业形象识别系统规范手册》，然后在全国400多家连锁店进行内部装修和改造。

资料来源：朱明侠，王晓民，牛志敏．特许经营案例研究．北京：中国人民大学出版社，2013.

? 问题与思考：

康洁公司为什么要启用新的形象识别系统？

知识探究

一、企业形象统一设计

企业形象统一主要体现在以下几个方面：

(1) 企业标志规范及企业简称组合规范；

(2) 标志释义；

(3) 标志标准化制图；

(4) 标志方格坐标制图；

(5) 标志预留空间与最小比例限定；

(6) 标志组合的错误应用；

(7) 标志在不同底色上的应用规范；

(8) 辅助图形；

(9) 辅助图形运用规范；

(10) 中文标准字（横式）；

(11) 中文标准字（竖式）；
(12) 英文标准字（横式）；
(13) 英文标准字（竖式）；
(14) 中英文标准字（横式）；
(15) 中英文标准字（竖式）；
(16) 中英文标准字正负形规范；
(17) 中英文标准字（竖式）正负形规范；
(18) 标准色；
(19) 辅助色；
(20) 特别色运用；
(21) 标志与公司英文简称组合规范：横式、中竖式以及竖式；
(22) 中英文公司全称、中英文地址电话和网址组合规范；
(23) 中英文公司全称和中文或英文地址组合规范；
(24) 中英文和下属企业组合规范；
(25) 中文指定字体系列；
(26) 英文指定字体系列。

二、开业计划

(一) 操作事项

1. 时间

在开业前 30 天必须做好门店开业各事项计划。

2. 内容

开业计划内容如表 3-1 所示。

表 3-1　开业计划

责任人	工作内容
加盟商	1. 制定新门店开业进度控制表
	2. 按照控制表逐一落实和检查事项
加盟商/总部	指导加盟商制定开业事项控制表

(二) 操作要点

1. 选择开业时机

开业大吉之日建议选择节假日前一天或节假日开始的第一天。

2. 制定开业事项进程表的方法

成功开业是成功运营的基础，基础打得好，未来的路才会走得顺畅，它是加盟商成功经营的重要因素之一，所以加盟商一定要重视开业各类事项的准备。假设开业的时间为

T，则加盟商及总部应该在此时间界定内完成相关事项的准备，才能确保门店开业的顺利进行。

例如，格伦教育某加盟店开业时间为 2018 年 8 月 8 日，若某一事项完成所需时间为 20 天，则该店应该在 2018 年 7 月 20 日就开始对此事项进行准备。

资料链接

开业事项进程安排

筹备事项	具体内容	负责人	开始时间
法令程序	申请开业有关的各类证：工商、税务等	加盟商	T—35
装修	向总部申请装修设计，提供原始依据	加盟商	T—35
	设计、审核、确认图纸	总部	T—31
	装修招标，与装修商签订装修合同	加盟商	T—30
	门店装修工作	装修商	T—29
	咨询台、展架等道具制作	道具供应商	T—29
	咨询台、展架等道具安装	道具供应商	T—14
	门店装修情况跟踪反馈	加盟商	T—13
	门店装修不足地方修改	装修商	T—12
	门店装修修改后验收	总部	T—7
人员	招募员工	加盟商	T—30
	与总部接洽，安排员工学习、培训	总部	T—15
POS 系统	POS 收款机的购买	加盟商	T—10
	POS 系统安装、调试、培训	总部	T—7
通信设备	申请并安装电话及网络	加盟商	T—10
银行	如需信用卡/银行卡支付的，可向有关银行申请并安排信用卡设施的装置等事宜	加盟商	T—15
	在方便可靠的银行开户		
促销推广	策划开业促销推广方案	总部	T—15
开业	策划开业庆典方案	加盟商	T—7
	联络庆典嘉宾	加盟商	T—7
项目	项目开展	加盟商/总部	T—10
陈列	门店陈列	加盟商	T—3
试营业	中心店负责人、员工熟悉日常营业操作	加盟商	T—3
宣传	逐步落实单店业绩提升方案	加盟商、总部	T—3

在实际的开店活动中，加盟商需要根据实际的开业时间将以上表格转变成进程控制表格，哪怕是手绘的表格也可以，总之一定要有，这是一种有效控制工作的方法和技巧。

（三）操作工具

制作计划进度跟踪表，如表 3-2 所示。

表 3-2　　计划进度跟踪表

项目	内容	负责人	时间							
			1	2	3	4	5	6	7	8

（四）操作感悟

（1）事事要人做，事事有人做；

（2）如果可能，请尽量预留改进的时间；

（3）好记性不如烂笔头，不要期待你的大脑能够记住所有的事情，所以请将重要的事情写下来；

（4）进程安排表只有在你不断检查的时候才能真正发挥作用。

三、策划开业促销和宣传

（一）操作事项

1. 时间

在开业前 15 天制定完成促销及宣传方案，在开业前 10 天开始执行宣传方案，并持续到门店开业。

2. 内容

促销和宣传的工作内容如表 3-3 所示。

表 3-3　　促销和宣传工作内容

负责人	工作内容
加盟商	1. 提供广告发布的时间、位置、尺寸等相关资料
	2. 参与制定开业促销和宣传方案
	3. 执行宣传和促销方案
加盟商/总部	1. 提供加盟商认可的门店开业促销方案和助销物品
	2. 提供广告宣传的内容、设计稿和制作物
	3. 协助加盟商制定宣传方案
	4. 协助广告合同谈判和广告执行

（二）操作要点

(1) 店铺内必须清楚地告知顾客经营内容，可使用海报、展示架等。
(2) 软文的发布必须密集，建议连续发布一周以上。
(3) 对各种宣传方式进行组合才能发挥更好的效果。
(4) 选择的媒体一定是在目标顾客中覆盖率高的，例如当地比较出名的媒体。
(5) 宣传计划可以根据具体的开店时机进行调整。

案例评析

康洁公司启用新的形象识别系统，是因为老标志已经不能完全适应新的市场竞争环境，新的形象和标识更容易为消费者所接受和喜欢，也意味着康洁公司正积极地推行客户满意战略，注重服务营销。

任务四　门店装修

案例导入

某餐饮连锁企业总经理作为团长，带领 5 人的考察团，赴各地加盟商所在地进行考察，前往视察正在筹建中的加盟店，为加盟商提出了一些装修风格和方案方面的具体建议。

？问题与思考：

门店装修对一个加盟店的意义何在？

知识探究

一、门店装修的内容及操作

（一）操作事项

1. 时间

加盟商在门店开业前 35 天，完整提报有关店铺的原始数据。

2. 内容

所提报门店原始数据的工作内容如表 3－4 所示。

表 3－4　　提报门店原始数据的工作内容

负责人	工作内容
加盟商	1. 提供店铺的照片，包括店铺所处的地理环境照片等
	2. 提供店铺的相关图纸，包括店铺面积大小、形状等
加盟商/总部	1. 指导加盟商提报照片、相关图纸
	2. 审核并提报公司总部

（二）操作要点

1. 门店相关照片

（1）门面照片，必须有门头的特写照片；

（2）店内照片，必须包含天花板、墙壁、地面等；

（3）需特殊说明位置的照片（柱子、台阶、窗户、消防栓、紧急通道等）。

2. 门店相关图纸

（1）平面图；

（2）立面图；

（3）电路图（至少要提供总电源的位置）；

（4）图纸应包含店铺所有重要参数，如：高度、各边边长、柱子的长宽高、台阶高度和阶数、墙壁、柱子、横梁、插座位置；

（5）图纸必须标明人流方向；

（6）门头图纸必须有尺寸，没有尺寸要求也须说明。

3. 门店的特别说明

包括：最高电量负荷；中岛和背柜的限高要求；防火的要求；灯具和电线的要求；地面是否允许走明线；有无空调回风口；有无消防卷闸门；有无消防栓；是否允许安装招牌灯箱；是否允许安装导轨射灯。

4. 加盟商拿到的门店图纸

包括：平面图、效果图、电路图、照明图、立面图、门面图、施工图。

（三）操作工具

制作门店空间设计申请表，如表 3－5 所示。

表 3－5　　门店空间设计申请表

门店基本资料	
门店名称：	申请日期：
省/市：	地址：

<table>
<tr><td colspan="2">预计开业日期：</td><td colspan="2">装修期限：　月　日至　月　日</td></tr>
<tr><td colspan="4">门店相关工程资料</td></tr>
<tr><td>天花板高度：
（　　）米</td><td colspan="2">天花板类型：
□分格 □整体</td><td>墙身空调回风口：
□有 □无</td></tr>
<tr><td>消防栓：
□有 □无</td><td colspan="2">消防卷闸门：
□有 □无</td><td>公用配电柜：
□有 □无</td></tr>
<tr><td colspan="2">门店原有地面装饰材料：</td><td colspan="2">门店内地面：　□完好
□部分更换　□全部更换</td></tr>
<tr><td colspan="2">门店内天花板：□完好
□部分更换 □全部更换</td><td colspan="2">功能设施：　□咨询区
□洗手间　□办公室</td></tr>
<tr><td colspan="4">需附上：□ 门店内外照片（墙体、地板、天花板、门面等）
□ 门店平面图及详细尺寸
□ 立面图及详细尺寸
□ 电路图（总电源位置）
□ 门面图及详细尺寸</td></tr>
</table>

（四）操作感悟

（1）原始数据和要求的完备性可以保障设计的效果和效率。

（2）数据提供务必准确，不可想当然、不可马虎了事。

（3）如果加盟商无法自己提供相关的图纸，则务必请专业人员协助完成或申请总部协助。

（4）电子文件比纸质文件在发送上有优势，会大大提高工作效率。

（5）如果现有店铺内有装修物体，则必须去除装修物体再进行尺寸测量。

二、咨询台、展架等道具配备

（一）操作事项

1. 时间

在开始组装之前必须接收到全部道具。

2. 内容

道具配备的工作内容如表 3-6 所示。

表 3-6　道具配备的工作内容

责任人	工作内容
加盟商	1. 确认道具配置清单
	2. 敦促装修公司配发道具，并接收
加盟商/总部	配发展架规格、灯具、标准材料等详细资料

（二）操作要点

总部统一配备的材料包括：展架、咨询台及标准装修材料等的详细资料；标准 logo 图案资料；装修设计图案资料。

（三）操作感悟

开店道具的统一设计有利于店铺形象的统一，并为店铺业绩提升发挥作用。

三、选择装修商

（一）操作事项

1. 时间

在开业前 30 天完成装修商的评估和谈判，并签订装修合同。

2. 内容

选择装修商的工作内容如表 3－7 所示。

表 3－7　选择装修商的工作内容

负责人	工作内容
加盟商	1. 店铺装修项目的招标
	2. 评估装修商
	3. 与装修商谈判并签订合同
加盟商/总部	1. 协助加盟商评估装修商
	2. 协助加盟商在装修前与装修商沟通

（二）操作要点

1. 装修项目招标

根据设计图纸，列出装修要求，必须包括材料的要求；选择 3～5 家当地的装修商，让其提供资质评估表和报价。

2. 装修商的评估要点

包括：具备国家规定的法定资质；能够进行公司单店的所有装修项目；使用公司规定的装修材料及工艺；能够满足店铺的日常维修要求；可以接受加盟商提出的价格和付款条件；有 10 人以上的固定装修队伍；曾经且现在正在为其他同类品牌进行店铺装修服务；无条件接受装修承包合同。

（三）操作工具

制作并签订装修合同，主要条款包含：装修项目说明、装修期限、装修队伍人数、装修价格、付款条件、验收条款、后期维修条款、违约条款。

（四）操作感悟

（1）装修商现在服务的品牌店铺的装修效果最能反映其装修质量。

（2）装修商口头或书面呈现出的东西并不总是可靠的，最好能够去实地考察一下。

（3）当装修商服务的客户过多时有可能会耽误你的装修进度，所以需要事先约定完成期限和违约责任。

四、办理施工手续

（一）操作事项

加盟商在装修前 7 天办理好施工手续。

（二）操作要点

办理施工手续的资料：盖有公司图章的施工或进场申请单、施工人员的身份证复印件、准备施工押金。

（三）操作感悟

对于街边专卖店，如果涉及对房屋结构的一些重大改动，请务必事前征得相关人员和专管机构同意。

五、装修门店

（一）操作事项

1. 时间

在开业前 29 天进行店铺施工，确保有足够的时间，并至少要在开业前 7 天完成施工。

2. 内容

装修门店的工作内容如表 3－8 所示。

表 3－8　装修门店的工作内容

负责人	工作内容
装修商	依据装修合同，完成店铺装修
加盟商	1. 现场施工监督和工作协调
	2. 与施工人员进行沟通
总部	1. 装修指导
	2. 标准材料配发
	3. 特殊情况下提供装修监理

（二）操作要点

1. 装修质量控制

对于场外装修部分，加盟商必须定期到制作工厂现场检查，包括使用的材料和制作工艺；对于场内装修部分，加盟商必须安排固定的人员在现场监督施工。

2. 装修进度控制

在合同条款中签订装修的日期安排，如果可能，请将装修项目完成日期具体到天。在装修期间定期检查装修项目完成的情况。对于装修过程中不能按期完成的部分，要确定弥补措施。

3. 咨询台、展架等的组装

按照道具供应商提供的组装示意图有步骤、有方法地组装。当组装过程中出现问题时，应该立即和道具供应商联络以尽快解决问题。坚决避免在组装过程中损坏道具。

4. 总部的装修监理

加盟商在认为必要的时候可以向公司总部申请现场施工监理。公司总部批准以后，监理人员会在施工一开始就参与进来。

5. 保持环境卫生

装修不应影响路人、周边居民等，要随时清理产生的装修垃圾。这也是建立良好公共关系的一个方面。道具组装完毕后要进行道具的卫生清洁工作，以利于店铺的卫生。

（三）操作感悟

（1）要确保施工人员读懂全部设计图纸，并让施工人员把重点的地方重复一遍。

（2）装修商未必能按合同中承诺的时间完工，务必进行过程检查。

（3）要在装修的过程中发现问题，不要在装修完毕后再发现问题。

六、验收装修效果

（一）操作事项

1. 时间

在装修完毕的当天就必须要求相关人员进行验收，以保证店铺的顺利开业。

2. 内容

验收装修效果的工作内容如表 3－9 所示。

表 3－9　验收装修效果的工作内容

负责人	工作内容
装修商	配合验收工作的进行
加盟商	1. 自行验收装修商的装修效果和道具
	2. 向总部提交店铺装修效果的相关资料
总部	1. 参与店铺装修验收
	2. 建立店铺装修档案

(二)操作要点

1. 加盟商自行验收

由于加盟商在装修过程中已经进行了质量的控制，所以装修完毕后主要的验收内容有：装修材料和工艺的复核、开关和照明的工作是否正常、锁具能否正常使用。

2. 提报总部验收

如果公司总部监理在场，则可以进行现场验收。如果公司总部没有人在场，则加盟商需向总部提交相关照片：整体照片（内外）、门头照片、咨询台照片、顾客休息区照片等。

3. 建立店铺装修档案

公司总部会根据加盟商装修完成的照片建立店铺档案，为未来的店铺气氛布置等事宜建立基础数据，店铺档案主要包括：店铺名，店铺地址，各种货架的名称、数量，海报的具体类别、数量、尺寸，店铺设计图，店铺装修照片。

案例评析

作为加盟店，不仅应在产品上、商标上保持一致，在装修上也应当保持一致。顾客首先看到的并不是你的商品，也不是你的服务，而是一个外在的东西，那就是装修。一个品牌加盟店的装修往往已经在顾客的心目中建立了一种固有的形象，作为一种形象的展示，加盟店统一装修能够让顾客一眼就识别出来，不统一的装修风格会引起消费者的怀疑。加盟店要纳入某一品牌旗下，就必须要保持品牌的统一性。只有统一的装修才能够具有更高的辨识度、吸引更多消费者。

任务五　物品与人员准备

知识探究

一、物品准备

(一)操作事项

1. 时间

开业前 10 天必须把物品全部配齐，包括总部统一配置和自行配置的各种物品。

2. 内容

物品准备的工作内容如表 3-10 所示。

表 3-10　物品准备内容

负责人	工作内容
加盟商	1. 办公用品的配置和购买
	2. 敦促公司总部配发广告用品等，并验收
总部	配发印刷品等促销材料及广告品

（二）操作要点

1. 公司总部统一配发的各种物品

包括：电脑、会员卡、店铺名片、美工制品、写真喷绘、主题 POP、形象画册、项目目录、广告宣传画以及其他陈列小道具。

2. 加盟商自行配置购买的物品

包括：电脑、传真机、电视、音响设备；文具，如纸、笔、橡皮、直尺、剪刀、文件夹、计算器等。

（三）操作感悟

（1）开店的物品配置是一项烦琐的工作，请务必列好清单，耐心细致地实施。

（2）加盟商的任何配发要求都可以与总部沟通。

二、招募门店员工

（一）操作事项

加盟商在店铺开业前 20 天必须完成店铺员工的招募工作。

（二）操作要点

1. 常见的招募方法

（1）通过熟人推荐。通过信赖的熟人介绍可以比较快地找到合适的人。

（2）“挖”人。从其他品牌的店铺内把合适的人员“挖”过来。

（3）广告招聘。这是比较正式的招聘形式，可以接触大量的应聘者，但需要耗费大量的时间，同时存在错选的风险。

2. 一般招募程序

（1）加盟商发布招聘信息。

（2）加盟商收集应聘信件或信息。

（3）加盟商通知应聘者面试时间。

（4）加盟商面试应聘者，应聘者填写履历表（有简历者可不另行填写，无简历者可用员工登记表代替）、做自我介绍，加盟商进行发问（过往历程和技能测试）。

（5）加盟商做出决定。

3. 员工的任职要求

例如，首次招募的员工必须要有同等工作经历 1 年以上；五官端正，女员工身高

160～165cm，男员工身高170～175cm；大专以上学历。

4. 优秀员工的素质

例如，能快速掌握项目内容及营销技巧；开朗、积极、忍耐性强、冷静、自信；具有做事的干劲、充沛的体力、参与的热忱；责任感强、有上进心、敏捷、有洞察力、勤勉、创造力强、诚实、记忆力良好、具有爱心、谦虚、易于亲近。

（三）操作工具

制作员工登记表，如表3-11所示。

表3-11　员工登记表

基本资料	姓名		性别		年龄	照片
	职务		民族		籍贯	
	出生地		政治面貌			
	婚姻状况		身份证号			
	健康状况		到岗日期			
	手机		E-mail			
	联系地址				邮编	
	户籍地址				邮编	
紧急联系人	姓名		关系		电话	
	地址					
教育背景	起始年月	终止年月	学校		专业	学历
工作经历	起始年月	终止年月	单位		部门	职务
家庭状况	关系	姓名	年龄	单位		电话
说明						
填写注意事项： 1. 需补充说明的，请在最后说明栏内填写 2. 应填写真实内容，填写不实内容应承担由此引起的所有后果 3. 本次填写后如有发生变动的，一周内须报备						

（四）操作感悟

（1）加盟商要有心理准备，店员经试用后不合格就应该尽快辞退。

（2）如你认为熟人或熟人介绍的员工不能达到职务要求，应尽早告诉对方，避免以后出现麻烦。

（3）如果确定“挖”人，应该事先在现场观察目标 2 天以上。

三、员工岗前培训

（一）操作事项

1. 时间

在门店开业前 15 天向总部申请培训，在门店开业前 7 天完成员工的岗前培训工作。

2. 内容

员工岗前培训的工作内容如表 3 - 12 所示。

表 3 - 12 员工岗前培训的工作内容

负责人	工作内容
加盟商	1. 召集店铺员工接受岗前培训
	2. 接受公司总部的店铺经营培训课程
	3. 进行部分内容讲解，如工资、福利、绩效考核等
总部	1. 对终端进行培训，包括加盟商、店铺员工
	2. 提供店铺经营管理系列手册
	3. 协调店铺的培训工作或开业部分培训工作

（二）操作要点

1. 常见的店员培训方法

（1）教授培训法。

这种培训方法是由专门的培训教师通过理论教学，让店员掌握专业理论知识，如消费心理、销售技巧、职业道德、品牌文化、项目知识、服务规范、店务管理等。加盟商可以向公司申请培训教师支援。

（2）相互学习提高法。

这种培训方法要求店员在日常工作中相互学习与交流，扬长避短，提高店员的整体服务水平，从而提高营销业绩。这种培训工作须由加盟商定期组织，在日常工作中进行。一些组织技巧可以向培训教师学习。

（3）实例分析法。

这种培训方法通常是利用现场拍摄，将店员一天的工作记录下来，然后店员观看录像，发现不足的地方，并提出改善的措施。这种方法能让受训人员主动思考，寻找问题及答案，从而有效提高受训者发现问题及解决问题的能力。拍摄前最好不要告知店员，以免店员紧张而刻意改变自己的行为。

（4）日常会议法。

这是加盟商培训店员的一种常规方法，店长也可以利用一些日常销售会议及团体活动等对店员进行培训。这种培训方法比较经济，也有利于培养团队精神。

2. 新进员工须接受的培训

新进员工须接受的培训包括集中培训和门店实习。

培训内容包括：企业背景及品牌文化、店铺经营背景、店铺规章制度、店铺服务规范、店务工作流程、电脑系统操作、顾客管理、岗位职责、产品知识、销售技巧、工资及福利、考核标准。

（三）操作工具

（1）门店制度与规范；

（2）培训申请表（见表3-13）；

（3）培训效果评估表（见表3-14）。

表3-13　　培训申请表　　填写日期：　年　月　日

基本信息					
申请人		所属区域		包含区域	
固话		传真		手机	
培训信息					
培训方式	□人员集中培训　□分片区培训　□单店培训　□其他				
培训时间	自___年___月___日至___年___月___日，共计___天				
培训内容					
培训地点					
培训对象	加盟商___人，店长___人，店员___人，共___人				
其他事项					
培训申请事由： 签名：　　日期：					
总部意见： 签名：　　日期：					
总经理意见： 签名：　　日期：					

表3-14　　培训效果评估表

培训地点		所属区域	
培训主题		培训教师	
培训课时		培训方式	
受训人信息	年龄：　性别：　岗位：　门店：		
评价项目	选　项		改进意见
内容是否实用	□实用　□较实用　□一般　□不大实用　□很不实用		
讲课深浅程度	□很深　□较深　□一般　□较浅　□很浅		
教材制作水平	□很高　□较高　□一般　□较低　□很低		
讲课是否清晰	□清晰　□较清晰　□一般　□不清晰　□很不清晰		
讲课语言是否易懂	□易懂　□较易懂　□一般　□不易懂　□很难懂		
培训方式	□很好　□较好　□一般　□较差　□很差		
培训时间长短是否合理	□合理　□较合理　□一般　□不大合理　□很不合理		

培训地点是否合理	□合理　□较合理　□一般　□不大合理　□很不合理	
培训现场气氛	□很好　□较好　□一般　□较差　□很差	
此次培训收获		
您需要的 培训内容（多项）		
其他意见和建议		

（四）操作感悟

（1）培训是一个长期的工作，加盟商要运用各种方法，不断地对店员进行培训。

（2）加盟商自己也要有不断学习的意识。

（3）由于加盟商直接管理店铺，所以必须对店铺销售和管理做到了如指掌。

四、开业指导

（一）操作事项

1. 时间

开业当天。

2. 内容

开业指导的工作内容如表 3-15 所示。

表 3-15　　开业指导的工作内容

负责人	工作内容
加盟商	带领店员做好第一天的营业工作
总部	1. 现场店员培训
	2. 现场销售协助

（二）操作要点

（1）首日营业中可能有不到位的地方，加盟商必须注意。应提前解决的常见问题有：店员对项目不熟悉，不知道该如何向顾客介绍，语言比较匮乏，宣传资料宣讲不流畅。

（2）建议在正式营业之前进行 3 天试营业或者做一次内部演练。

（3）开业当天必须进行店员早会。

（三）操作感悟

（1）门店顺利开业需做好：装修、宣传推广、人员培训。

（2）门店开业筹备必须按照计划进行，并对过程时刻掌控。

（3）总部应全力协助加盟商门店的开业筹备。

（4）首日开业对门店的形象和未来的业绩至关重要。

项目小结

本项目介绍了特许经营门店选址的数据采集及撰写调研评估报告，通过实例列举了特许人对加盟商的培训支持，介绍了企业形象统一设计及门店开业计划，讲解了门店装修、物品与人员准备的相关操作。

实操题

列举开店的具体步骤。

项目四 特许经营单店布局管理

问题引入

特许经营体系是由各个单店组成的。单店是特许经营体系的有机构成部分，是展示品牌的窗口。单店布局管理成功与否直接关系到特许经营体系发展的成败。那么，单店布局管理包含哪些内容，有什么技巧呢？

任务导读

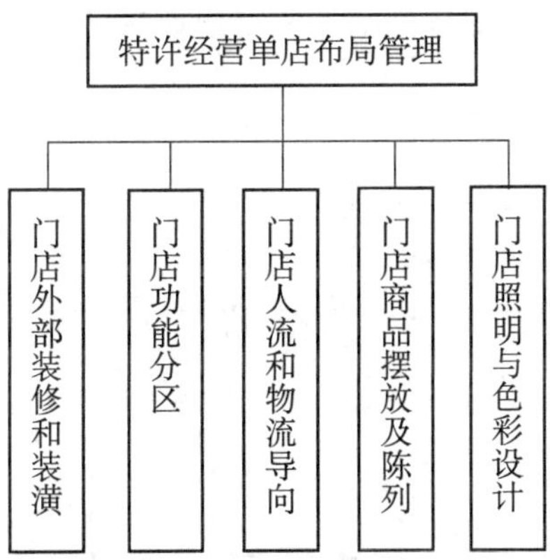

学习目标

知识目标：了解特许经营门店外部装修和装潢的基本知识。

能力目标：掌握门店人流和物流导向、门店商品摆放及陈列、门店照明与色彩设计的方法。

任务一　门店外部装修和装潢

案例导入

2008年经济危机到来时，星巴克被迫关闭了几百家门店。调查发现，所有门店统一风格的做法虽然能够提升开设新门店的效率，但这种一成不变的风格会让消费者下意识地将星巴克看成一家普通的咖啡厅，而不是一家能引起消费者共鸣的本地化咖啡厅。在意识到这一点之后，星巴克在接下来的数年内逐渐放弃了统一的设计风格。星巴克美洲区设计副总裁Bill Sleeth表示，他们要将装修风格“与当地文化相融合，并对当地消费者的需求做出回应”。这个改变让星巴克重整旗鼓，恢复了元气。如中国福州的星巴克，青瓦红檐、亭台楼阁，宋代风格的园林式建筑里花草山石点缀其间，古色古香，使人置身其中禁不住有穿越时空之感。

资料来源：http：//www.cyzone.cn/a/20140916/262993.html.

？问题与思考：

星巴克的门店装修有什么特点？

知识探究

一、门店的外观设计

（一）门店的外观风格必须与经营的商品内容相一致

门店的外观要能突出自己行业和档次特点。当前，有些门店外观设计上的处理误区是：本是以低廉价格的大量销售为特征的商店，其装潢却过于豪华，使消费者感到其经营商品的价格一定很高，从而吓跑了顾客。

（二）门店建筑是城市建筑的一部分

门店建筑应该有利于城市景观和街道整齐，与周围的环境协调统一，取得整体和谐效果。同时，门店的建筑风格应与商店经营目标、经营方针一致，体现企业富有个性的独特形象。

（三）门店在外观装潢上必须重点突出门店形象的标记

门店的外观是指门店能被行人清楚看见的部分。由于门店外观起着宣传的功能，所以就要求外观的装潢能让消费者一看就知道这是一家什么性质的商店、是一家卖什么东西的商店。门店的外观装潢主要包括建筑和招牌。现在越来越多的门店利用建筑物本身来表现门店的特色，而招牌能弥补建筑所不能表现的部分。门店首先应该依靠招牌来体现自己的特色，在外观装潢上要突出招牌的作用。

二、招牌的设计

（一）招牌的分类

1. 屋顶招牌

为了使消费者从远处就能看见门店，可以在屋顶上竖立一个招牌或广告牌，用来宣传自己的门店。

2. 栏架招牌

装在门店正面的招牌称为栏架招牌，可以用来表示业务经营范围、商店名、商品名、商标名等。它是所有招牌中最重要的招牌，可以采用投光照明、暗藏照明，或霓虹灯照明来使其引人注目。

3. 侧翼招牌

此种招牌一般位于门店的两侧，其显示的内容是给行人看的。它可以用来展示门店店名，也可用来展示门店的经营方针、经营范围和门店广告。此种招牌一般以灯箱和霓虹灯为主。

4. 路边招牌

这是一种放在店前人行道上的招牌，用来增加门店对行人的吸引力。这种招牌可以是企业的吉祥物、人物招牌，也可以是一个商品模型或一台自动售货机。

5. 墙壁招牌

利用门店的墙壁来做招牌就是墙壁招牌，一般可以用来书写店名。

6. 垂吊招牌

悬挂在门店正面或侧面墙上的招牌便是垂吊招牌，其作用基本上与栏架招牌一样。

7. 遮阳篷招牌

该招牌一般由厂商提供，其内容大都是商品广告，遮阳篷招牌对门店来说是视觉应用设计的一部分，可增强顾客的统一识别感。

（二）招牌的设计要求

为了使消费者便于识别，招牌不管是用文字来表示还是用图案或符号来表示，其设计都要求达到：容易看见、容易读、容易记、容易理解和容易联想。

招牌设计除了要考虑店名外，还要考虑字体的选择。走在街头，我们常常会看到一些很好的店名，却用歪歪扭扭的字体嵌在门前的招牌上，错别字、繁体字屡见不鲜，甚至还有些生拼硬造出来的文字。门店的招牌应避免使用生僻字，招牌的目的在于使人清楚明白，故弄玄虚只会招致顾客的反感。

近年来，标志越来越多地被专卖商店采用，并已从平面走向立体、从静态走向动态，在商店门前吸引着过往行人。另外，栏架或垂吊招牌的色彩必须与企业的标准色一致，消费者对招牌识别往往是先识别色彩、再识别店标的，色彩对消费者会产生很强的吸引力。而当把这种设计要求一致性的招牌推广到各个门店时，更会使消费者产生对企业的认同感，从而有利于企业的规模化发展。

三、橱窗的设计

橱窗是专卖商店的“眼睛”，店面这张“脸”是否迷人，这只“眼睛”具有举足轻重的作用。橱窗是一种艺术的表现，是吸引顾客的重要手段。走在任何一条商业街，都能看见有人在橱窗前观望、欣赏，像是在欣赏一幅画作。在巴黎香榭丽舍大道上，欣赏各家专卖商店的橱窗，还是一项非常受欢迎的旅游项目。因此，门店不可轻视橱窗的布置与陈列。事实证明，某些专卖商店将橱窗出租给个人摆摊是极为愚蠢的事。

（一）橱窗的作用

橱窗有两个作用：一是让顾客辨认门店及其商品；二是吸引顾客进入门店。橱窗通过陈列各种各样的样品，能为门店创造不同的形象特征。通过显示时尚商品和季节商品，门店能表明自己是不落伍的；通过摆放处理商品，门店能招徕价格敏感性顾客；通过进行艺术化处理，门店能吸引行人注意，并显示高雅的格调；通过提供公共服务信息，门店能显示其对社会的关心，从而获得消费者的好感。

（二）橱窗设计的要求

门店的橱窗一般采取封闭式设计，橱窗内侧四周与售货现场之间要有隔断，后壁处设有出入小门。封闭式橱窗便于陈列布置，可充分利用背景装饰，便于橱窗内的商品管理。橱窗中的商品一般应在离地 60 厘米的高度进行陈列；小型商品在离地 100 厘米以上的高度陈列；自行车等较大商品可陈列在离地 5 厘米高的“床”上，同时要注意修饰一下“床面”。

（三）橱窗设计的原则

努力追求动感和艺术美，以新奇的设计吸引顾客；通过一些生活场景使顾客感到亲切自然，产生共鸣；努力反映门店及其所经营商品的特色，使顾客过目不忘。

橱窗的大小、长宽高的设计也有一定的原则，宽和高要遵循黄金定律，即宽和高之比为 1∶1.62，这样的橱窗看起来要漂亮很多。

（四）橱窗陈列方式

1. 综合式陈列

综合式陈列就是将许多不相关的商品综合陈列在一个橱窗内，组成一个完整的橱窗广告。

2. 系统式陈列

系统式陈列就是按照商品的类别、性能、材料、用途等因素分别组合陈列在一个橱窗内，适用于橱窗面积较大的大中型门店。

3. 专题式陈列

专题式陈列就是以一个专题为中心，围绕某一特定环境或事件，组织一系列商品进行陈列，如节日陈列、场景陈列、事件陈列等。

4. 特写式陈列

特写式陈列就是运用不同的艺术形式和处理手法，在一个橱窗内集中介绍某一种商品，有单一商品特写陈列和商品模型特写陈列，主要适用于介绍新产品、特色商品等。

5. 季节性陈列

季节性陈列就是根据季节的变化，把应季商品集中进行陈列，如冬末春初的羊毛衫、风衣展示，春末夏初的凉鞋、草帽展示等。

目前还有一种趋势也值得注意，即使用橱窗的门店越来越少，而是以大面积的透明玻璃使人一眼就能看到门店的内部，或者整个店内营业状况现场成了“橱窗”的内容。这样做的好处是：节约了营业场地，避免了橱窗设计制作的麻烦；人们一眼就能清楚门店的经营性质和特点。但是其弊端是失去了一块广告和深入宣传自己的媒介，如果营业现场在视觉上杂乱无章，反而会引起顾客反感。因此，它更适合大型商场和豪华商店，不太适合一般的小型门店。

四、其他外部设计

门店前的绿化、空场、凳椅、灯光等可以创造轻松愉快的环境，加强消费者对门店的感受。停车场等辅助购物设备和设施应该引起充分重视，随着人们生活水平的提高，随着一次购物数量的增加，停车场已成为消费者选择门店的一个重要因素。购物环境设计必须充分为消费者着想，营造周到完善、富有人情味的门店形象。

案例评析

星巴克的每一家店都尽量结合当地消费者的审美口味进行装修，与当地的建筑风格、历史文化很好地结合在一起，这种本地化设计使星巴克成为能引起消费者共鸣的本地化咖啡厅。

任务二　门店功能分区

案例导入

麦当劳发现其在中国的主要顾客群是儿童，于是在几乎每一个条件允许的门店服务区旁边都设有供小朋友玩耍的儿童游乐区，在其中放置各种玩具，并有门店店员带领小朋友们玩耍，还会利用某个节日、某个小朋友的生日等机会赠送麦当劳系列的小玩具或免费餐券等。家长和小朋友们到每一处麦当劳门店，除了可以享受美味的食品，还能玩有趣的游戏、获得礼物。

? 问题与思考:

麦当劳为什么要在服务区旁边设置儿童游乐区?

知识探究

根据不同的经营业态来进行特许门店的功能分区，划分门店的经营区域是进行门店装修、装饰的基础性工作。由于经营业态的差异，门店的功能分区可能不同，然而，绝大多数门店都会有除了销售区或服务区以外的仓储区、加工区、特色展示区或体验区等。科学合理地进行门店的功能分区不仅关系到门店和特许经营企业的形象，而且直接影响着门店的运转效率，因此应该得到充分的重视。

一、门店功能分区的基本原则

（一）便捷

便捷是门店功能分区的首要原则，由于门店的主要功能是售卖商品或提供服务，所以门店设计的最基本原则就是应该方便货物或者服务的售卖。便捷原则包含两层含义：对于消费者的便捷；对于门店工作人员的便捷。

对于消费者的便捷是指门店的布局要方便消费者入店享受服务或购买商品，主要是指门店的前部布局要有利于人流的移动，顺畅地将人流导入店内尽可能广泛的区域。所谓门店的前部主要是指销售区、服务区、特色展示区、活动区、体验区等。例如：超市业态的门店一般设计有庞大的销售区，方便展示尽可能多的商品供消费者选购；而速食餐饮业态的门店则将销售区/台设计在正对门店店门的地方，相隔服务区，这样有利于消费者方便地入店点餐和用餐。

对于门店工作人员的便捷是指门店的布局要方便工作人员的工作。主要是指门店后部的布局要有利于工作人员的移动，从而顺畅地进行清扫、补货、售卖等工作。所谓门店的后部主要是指仓储区、加工区、水房和员工休息区等部分。这些区域的布局一定要使员工能以最快的速度、最方便的途径为消费者提供服务。良好的后场设计是提高门店工作及运转效率的关键。

（二）科学合理的面积比率

一般来说，门店的前部（销售区/服务区）与后部（仓储区/加工区）的面积设计比率应该在8∶2左右，因为门店的功能是提供服务或推销商品，所以相应的区域应该十分充足。对于后部的设计，应该根据门店销售商品的流量，或者商品/原料配送速率等计算出需要存储的量，据此来设计仓储区的面积。另外，对于超市业态的门店来说，其货架也有一定的存储功能，所以在设计仓储区面积的时候应该把货架的存储功能考虑在内，科学地计算仓储区的面积。

对于一些特殊的门店，由于展示企业文化或推销特殊商品的需要，也需要设计特殊的商品展示区、活动区、体验区。这些区域的设计也要科学计算出面积，既要让商品或企业文化得到充分的展示，又要方便顾客进行体验，同时也要尽量节省空间给主要的销售区/服务区。

二、注意体现特许经营企业的特色

规范化和统一性是特许经营企业的特色之一，它能让顾客在各个特许门店都享受到相同的服务。这种规范化、统一性既指各门店的商品或服务的质量、装饰气氛等要规范和统一，也指门店的功能分区要尽量统一，当顾客步入某一特许经营门店时，规范统一的功能分区和门店布局会让其产生一种熟悉的感觉，从而增进顾客对于企业的感情和忠诚度。

三、注意门店自身的特色体现

在保持特许经营企业总体规范统一的同时，各个门店也应该根据自己所在的地区环境特点进行功能分区的布局。

例如：某餐饮特许门店位于商业步行街的中心地带，其独特的店面设计大大提高了门店的人流量。如图 4-1 所示，该餐厅位于两条街道的中间，门店设计时，在门店南北各开设一个店门，适当扩大了服务区，而销售区的设计不再是传统的正对店门，而是在门店中部。这样，该门店形成了一道贯通南北的通路，有利于吸收 A、B 两条街道上的顾客流；销售区的设计则有利于从南北两门进入的顾客点餐；而大面积的服务区则保证了门店在人流量大的情况下仍然能有条不紊地运营。

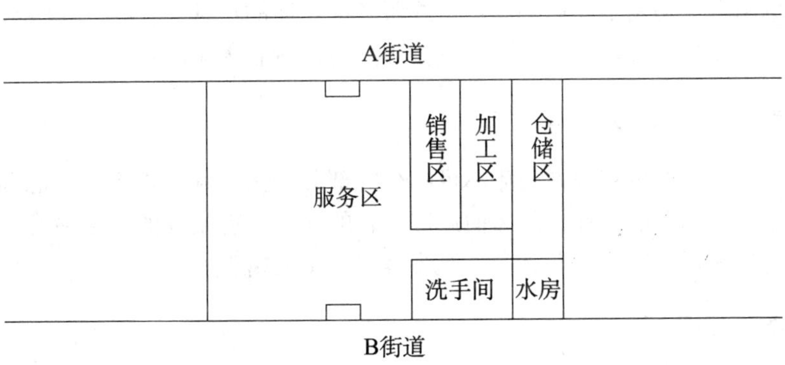

图 4-1　门店功能分区布局

四、主要功能分区的一般设计规则

（一）服务区/销售区

服务区或销售区是门店的主体，门店的绝大部分面积应留给服务区或销售区。对于以销售为主体的业态，如超市业态、特许零售业态，其销售区应设计在店门通往店内的纵深区域，而且面积应该尽量大，以充分展示待售商品。对于以服务为主体的业态，如餐饮、美容美发等门店，其服务区则应该相应较大，且位于店门入口的纵深区域，而销售区则一般正对店门入口处，与店门相隔服务区的宽度。这样做的目的是给消费者提供一个方便、宽松的选择商品和享受服务的环境。

（二）仓储区

每个门店都应根据自己的实际需要设计合理面积的仓储区。一般而言，仓储区应该位于门店的后部，与销售区及加工区相连。这样做的目的在于方便补货、加工等经营环节的进行，提高门店的运作效率，同时又不影响门店前部的消费、服务环境。仓储区应该在门店的后部有入口，以方便卸货和补货。

（三）加工区

加工区是将原料加工成成品的区域，因此，它自然应该被安排在后接仓储区、前接销售区的地方。加工区的大小应根据加工工作所需要的空间来定，在保证加工过程顺利进行的情况下，尽量节省空间。同时，应该保证其与销售区、加工区之间的衔接顺畅，因此，三者之间的通道应宽敞，以方便原料的进入、成品的输出。加工区还应该保持通风及卫生，在设计的时候可将水房等设计在其周边，以方便打扫。

（四）特色展示区/活动区/体验区

门店为保持总部的统一特色或自身特色，可适当在销售区或服务区中选取小部分的面积作为特色展示区/活动区/体验区，其面积应该不超过销售区或服务区的1/3。该区域在设计时要注意两点：一是不能影响销售区或服务区主体的正常运作；二是最好设计在靠近街道或者门店入口的地方，以达到广告宣传和方便消费者体验的目的。

（五）洗手间、水房、卫生室

洗手间、水房、卫生室等是门店不可缺少的部分，其位置安排应该考虑到方便顾客或工作人员使用，因此一般设计在门店前后部结合的地方。有条件的门店最好为顾客设计专用的卫生设备，体现门店、企业无微不至为客户着想的精神。

（六）员工休息室

员工休息室应位于门店后部，主要目的是让员工在工作之余得到休息，一般设计在仓储区、加工区等的旁边。

（七）停车场

大型的门店可适当设计停车场，停车场的设计位置应该不影响门店人流的移动，所以一般在门店店门的周边，或者是地下停车场。

五、不同经营业态的功能分区设计

（一）商品零售业态（特许超市、特许专业零售店、百货及便利店等）

由于零售业态门店的主要任务是销售商品，那么其销售区的面积应该尽量扩大，店门应尽量宽敞，以方便顾客进入。另外，配合销售的仓储区、加工区要根据人流量、商品销售流量来设计，还需要考虑到门店物流配送速率等因素，以及时保证商品的销售为原则，仓库与销售区的衔接要特别注意，要保证补货的及时和顺畅。

（二）餐饮服务业态（特许快餐店、品牌特许餐厅等）

由于餐饮业的特性，餐饮服务业态的功能分区设计应该着重注意加工区、原料仓储区、销售区的衔接。尤其是加工区的设计，为避免在营业高峰期工作量增大，加工区应该相应扩大，为员工有条不紊地工作提供宽松的环境。服务区是餐饮服务业的主体区域，应该尽量为顾客营造一个宽松、舒适的就餐环境。另外，洗手间等配套服务功能区应该设计在最方便顾客使用的位置。

（三）其他休闲服务业态（美容美发特许经营店等）

这类服务业态的特点是要着重设计好服务区。这类业态对于仓储区等后部功能分区依赖程度不高，因此门店的绝大部分可以作为服务区来使用。在布局设计时主要应该注意，特色体验区的设计非常重要。由于其性质是休闲场所，除了本身的服务区之外，还应该设计单独休闲区，供顾客在享受服务或等待服务之余，在门店内得到充分休息，通过增加门店的相关附加服务内容，来促进主体服务项目的销售，增进与顾客的交流沟通。

案例评析

麦当劳这样做拉近了消费者和麦当劳之间的距离，增强了消费者对麦当劳的情感认同度，久而久之，消费者把麦当劳当成了自己的朋友，成为麦当劳的忠实客户。

任务三 门店人流和物流导向

案例导入

夏晖（HAVI）是麦当劳的全球物流服务提供商，在全球五大洲 16 个国家设有分公司，是一家综合性的集团公司，旗下专注于物流配送的 HPR Partners 亚太区的一个分支负责中国地区麦当劳物流业务，麦当劳物流已经形成全国性网络，在北京、上海、广州都建立分发中心，在沈阳、武汉、成都和厦门建立了卫星分中心和配送站。

资料来源：朱明侠，王晓民，牛志敏．特许经营案例研究．北京：中国人民大学出版社，2013.

? 问题与思考:

夏晖物流配送对麦当劳的意义何在？

知识探究

一、店内人流导向的原则

门店是一个以顾客为主角的舞台，而顾客对哪些最为关心呢？日本的连锁超市做过一次市场调查，得出的结果是：消费者对商品价格的重视程度只占5%，而占前三位的分别是：开放式、易进入占25%，商品丰富、选择方便占15%，明亮清洁占14%。虽然国情有所不同，但结合我国的实际加以分析可以归纳出店内人流导向有下面三条原则。

（一）顾客容易进入门店

加盟店的经营者必须注意，尽管其门店商品可能很丰富、价格很便宜，但如果消费者不愿进店或不知道怎样进店，一切努力都将是白费。只有让顾客进店了，才是生意的开始，才创造了营业的客观条件。

（二）让顾客在店内停留得更久

据一项市场调查，到加盟店买预先确定的特定商品的顾客只占总顾客的25%，而75%的顾客都属于随机购买和冲动购买。因此做到商品丰富、品种齐全，使顾客进店看得见、拿得到商品至关重要。

商品丰富了就会给顾客更大的选购余地，顾客停留越久，就可能买越多东西。加盟店经常性地推出一些符合顾客需要的新产品，就会给顾客更多的随机购买和冲动购买的机会。为达到这一目的，经营者须在如何发挥自己的商品特色上、在如何排除顾客在店内购物时所遇到的障碍上努力。

（三）保持门店明亮清洁

明亮清洁的门店卖场，为顾客创造了良好的购物环境。顾客往往把明亮清洁的购物环境与新鲜、优质的商品联系在一起。为创造明亮清洁的卖场，必须注意店内有效空间的利用，以及灯光、色彩、音响效果等的配合。

二、人流导向的设计

（一）门店出入口的设计

门店出入口的设置是店内布局的第一要素。一般来说，招牌吸引了顾客的注意，而入口则引导着顾客进入店内，入口设计便利与否是决定进入门店顾客流量多寡的关键。门店在选择入口时应根据行人的流动路线，选择行人经过最多的位置作为入口。门店的入口与卖场内部的布局关系密切，在布局时应以入口为先。对开设在楼上或地下室的门店，其入口都要有明显的标记，并利用各种办法引导顾客进入门店。

（二）通道的设计

门店内顾客流动的主线是主通道，顾客流动的副线则是副通道。门店主副通道不是根据顾客的随意走动来设计的，而是根据门店的商品布局与陈列来设计的。良好的通道设计，就是要引导顾客按设计的路线步入门店的每一个角落，能接触所有的商品，消灭死角，使卖场空间得到最有效的利用。门店的通道设置还要考虑到顾客走动的舒适性，布局最终应达到两个效果：第一，顾客与店员行动路线的有机结合。对顾客来说，应使其感到商品非常齐全并容易选择；对店员来说，应充分考虑到工作效率的提高。第二，创造舒适的购物环境。设计通道时要注意以下问题。

1. 足够宽

一般把门店的通道设计成“凹”字形，目的是让顾客便利和明显地看到陈列的商品，并能走过门店内主要商品陈列区。

所谓足够宽，即要保证同样是提着购物筐或推着购物车的顾客能并肩而行或顺利地擦肩而过。

资料链接

不同规模门店通道宽度基本设定值

单层卖场面积（m^2）	主通道宽度（m）	副通道宽度（m）
300	1.8	1.3
1 000	2.1	1.4
1 500	2.7	1.5
2 500	3.0	1.6
6 000	4.0	3.0

对大型综合超市和仓储式商场来说，为了方便大量顾客的流动，其主通道和副通道的宽度可以基本保持一致。同时，也应适当加宽收银台周围通道的宽度，以保证最易形成顾客排队的收银台的通畅性。

进入商店的人群大体可分为三类：有明确购买动机的顾客、无明确购买动机的顾客和无购买动机的顾客。无明确购买动机的顾客在进入商店之前，并无具体购买计划；而无购买动机的顾客则根本没打算购买任何商品。他们在进入商店参观浏览之后，或是看到许多人都在购买某种商品，或是看见了自己早已想购买而一时没碰到的某种商品，或是看到某些有特殊感情的商品，或是看到与其知识经验有关的某一新产品等，从而产生需求欲望与购买动机。引起这两类顾客的购买欲望是零售企业营销管理的重要内容之一，而这种欲望、动机的产生，在很大程度上是众多消费者在商店进进出出、在卖场通道之间穿行时相互影响的结果。因此，在售货现场的通道设计方面，要注意柜台之间形成的通道应保持一定的宽度，中央通道要尽可能宽敞些，使消费者乐于进出商店，并能够顺利地参观选购商品，为消费者彼此之间无意识的信息传递创造条件，扩大消费者彼此之间的相互影响，增加商品对消费者的吸引力，从而引起消费者的购买欲望，使其产生购买动机。同时，也可为消费者创造一个较为舒适的购物环境。

2. 笔直

要尽可能避免迷宫式通道，尽可能设计笔直的单向通道，通道两侧货架上的商品陈列不应重复，使顾客不需要走“回头路”。

3. 平坦

通道地面应保持平坦。有些门店的同一层面由两个建筑物改造连接起来，通道途中要上或下几个楼梯，有夹层之类的情况，令顾客不知何去何从，这显然不利于门店的商品销售。

4. 少拐角

事实上，从一侧直线进入，沿同一直线从另一侧出来的店铺并不多见。这里的少拐角是指拐角尽可能少，即通道途中拐弯的地方和方向要少。有时需要借助于连续展开不间断的商品陈列线来调节。如20世纪80年代美国连锁超市经营中形成了标准长度为18～24米的商品陈列线；日本超市的商品陈列线相对较短，一般为12～13米。这种陈列线长短的差异，反映了不同规模的超市在布局上的要求。

5. 照度足够

通常通道上的照度起码要达到1 000勒克斯；尤其是主通道，相对空间比较大，是客流量最大、利用率最高的地方，应保证足够的照度。

6. 没有障碍物

通道是用来诱导顾客多走、多看、多买商品的。通道应避免死角。在通道内不能陈设、摆放一些与陈列商品或特别促销无关的器具或设备，以免阻断卖场的通道，影响购物环境。

总体来说，门店内顾客通道的设计是根据商品种类、性质、预计人流量来确定的，既不能造成通道阻塞，也不能影响商店的经济效益。

三、门店人流导向的“磁石点”

所谓磁石点，是指门店或卖场中最能吸引顾客眼光停留的地方，就是顾客的注意点。创造这种吸引力是依靠商品的配置技巧来完成的。商品配置中磁石点运用的意义是，在卖场中最能吸引顾客注意力的地方配置合适的商品，以促进销售，并且这种配置能引导顾客逛完整个卖场，达到增加顾客冲动购买的目的。

卖场磁石点分为五类，应按不同的磁石点来配置相应的商品。

（一）第一磁石点

第一磁石点位于卖场主通道的两侧，是顾客必经之地，也是商品销售最好的地方。此处配置的商品主要是：主力商品、购买频率高的商品和采购力强的商品。这类商品大多是消费者随时需要又时常要购买的，例如蔬菜、肉类、日配品（牛奶、面包、豆制品等）。这些商品应放在第一磁石点内，可以增加销售量。

（二）第二磁石点

第二磁石点在第一磁石点的基础上摆放，主要配置以下商品：流行商品，色泽鲜艳、引人注目的商品和季节性强的商品。第二磁石点需要超乎一般的照明度和陈列装饰，以最显眼的方式突出表现，让顾客一眼就能辨别出其与众不同的特点。同时，第二磁石点上的商品应根据需要隔一定时间便进行调整，以保持其吸引力。

（三）第三磁石点

第三磁石点指的是门店中央陈列货架两头的端架位置。端架是卖场中顾客接触频率最高的地方，其中一头的端架又对着入口，因此配置在第三磁石点的商品，就是要刺激顾客的购买欲望。一般为高利润商品、季节性商品和厂家促销商品。

（四）第四磁石点

第四磁石点通常指的是卖场中副通道的两侧，是充实卖场各个有效空间的摆设商品的地点。这是要让顾客在长长的陈列线中引起注意的位置，因此在商品的配置上必须以单项商品来规划，即以商品的单个类别来配置。为了使这些单项商品能引起顾客的注意，应在商品的陈列方法和促销方法上对顾客做刻意表达诉求，主要有：热门商品、有意大量陈列的商品和广告宣传的商品等。

（五）第五磁石点

第五磁石点位于收银处前的中间卖场，是各门店按总部安排，根据各种节日组织大型展销、特卖活动的非固定商品摆设地点。其目的在于通过采取单独一处、多品种大量陈列方式，造成一定程度的顾客集中，从而烘托门店气氛。同时展销主题的不断变化也会给消费者带来新鲜感，从而达到促进销售的目的。

四、门店物流模式

所谓物流模式是指商品、信息和账务在供应商和门店之间的流动路径。

（一）没有配送中心的加盟店的商品物流模式

没有配送中心的加盟店的商品物流模式只有一种，即采购部门或门店向供应商下订单，供应商直送所有门店，除集中结算外，商品和信息都是单店处理。

（二）设有配送中心的加盟店的商品物流模式

设有配送中心的加盟店的商品物流模式有三种：供应商直送门店、配送模式、直通运转模式。

供应商直送门店模式适合单店独立性较强、销售规模较大的超市，如家乐福、欧尚等，它们在中国没有配送中心，也不存在物流模式的管理问题。

配送模式是采购或配送中心向供应商下订单，供应商送货到配送中心贮存，门店向配送中心订货。门店不可直接向供应商订购在配送中心贮存的商品。

直通转运模式是采购或门店向供应商订货，供应商将货送到配送中心，配送中心验收后不贮存，立即分拨到门店。

采购订货是一种推动型的商品流动方式，门店订货是一种拉动型的商品流动方式，这两种流动方式在三种物流模式中都存在。

五、连锁超市商品物流模式的原则

（一）超市门店决定物流模式原则

现在很多超市的采购合同都是由供应商选择物流模式，合同列出门店或市内市外或不同业态由供应商自行选择，供应商往往选择销售好的门店自己直送，销售不好的门店则直通或配送。其实这是一种错误的做法。选择什么物流模式应该由采购根据供应商的供货能力、配送能力、管理效率、反应速度来决定，保证以最小的成本将货物最快地送到门店。由供应商选择物流模式会直接导致物流模式的混乱。

（二）模式简单、强调统一原则

为提高管理效率、降低运营成本，在尊重个性的同时，同一供应商所有商品的物流模式不应该超过两种，同一商品在所有门店的物流模式不应该超过两种。这是最大限度的个性，仅适用于跨品类经营的供应商。在供应商经营库存量单位数较少时，如小于 100 个库存量单位，物流模式就应尽量单一。

（三）同一商品直通与配送不相容原则

如果一个储备商品单位在配送中心已有储位，此 SKU（Stock Keeping Unit，库存量单位）就失去直通的必要性。一个 SKU 既直通又配送会造成收、发、存方面的复杂化，降低运作效率，影响供应链订货管理与库存管理。

（四）同一供应商的所有商品在同一门店的物流模式必须单一原则

如果同一供应商在同一门店存在多种物流模式会造成订货困难，退货效率低下，物流模式维护困难。因此，同一供应商的所有商品在同一门店的物流模式必须是单一的。

（五）差异化商品直送原则

大多数门店不经营的商品不应经过配送中心，因为：一是连锁超市商品差异化不可能太大，配送中心处理的集散商品不是差异化商品；二是既然是差异化商品必然是本地差异化，本地供应商直送成本最低，如地采商品；三是商品差异化太大不是市场问题，而是商品结构问题。

（六）商品特性原则

在决定物流模式的时候还要考虑商品的特性，商品形状、气味、保质期、抗压性、防损、温度要求、运输要求等因素均要考虑在内。例如生鲜商品、保质期短的商品、形状不规则商品、图书音像制品、高价值电子产品对存贮及运输条件要求较高，在缺乏专业设施时不适合做配送商品。

案例评析

夏晖为麦当劳提供全球物流服务，为麦当劳形成全球物流网络和配送中心起着积极的作用，成为麦当劳成功的幕后推手之一。

任务四　门店商品摆放及陈列

案例导入

某便利店员工由于粗心，在酸奶订货的时候多打了一个零，原来每天清晨只需3瓶酸奶变成了30瓶。按规定应由该员工承担责任，所以他想把这些酸奶赶快卖出去。他冥思苦想，把酸奶冷柜移到盒饭销售柜旁边，并制作了一个POP广告，写着“酸奶有助于健康”。令他喜出望外的是，30瓶酸奶销售一空。这个员工的实践带来了销售增长，从此，该便利店中酸奶冷柜同盒饭销售柜摆在了一起。

？问题与思考:

这个案例说明了什么？

知识探究

一、商品分析与门店室内设计

衡量商店设计好坏的直接标准就是看商品销售的好坏。因此让顾客最方便、最直观、最清楚地接触商品是首要目标。在接到一个商店室内设计任务时首先要对该店所售商品的形态与性质做出分析，目的是利用各种人为的设计元素来突出商品的形态和个性，而不能喧宾夺主。对商品的分析大致可从下面几点入手。

（一）商品的大小变化幅度

应考虑同类商品的大小变化幅度，比如乐器店既有巨大的钢琴又有小巧的口琴，而书店和眼镜店的商品则规格基本相同。这种不同的变化幅度造成不同的空间感，变化幅度大的商品，陈列起来造型丰富，但也易造成凌乱，设计时应强调秩序，减少人为的装修元素。变化幅度小的商品排列起来整齐，但易陷入单调，设计时应注重变化，增加装饰元素。

（二）商品的形状

同一类商品的形状变化多，空间就显得活泼，但也易杂乱，如玩具店。若所售商品形状差异不大，设计时应注重变化，否则会使人感到呆板。比如鞋，彼此之间造型差异不大，而我们常见的鞋店都是分类排列，这很难引起人们的兴趣；相反，如果充分利用空间和陈列装置的变化，营造出生动的气氛。此外，商品的形状还具有可变性。比如服装店利用模特形成多姿多彩的形象，模特往往是服装店的主要构图元素。

（三）商品的色彩和质感

古玩、家电的色彩灰暗，塑料制品和玩具的色彩鲜艳，这就要求室内设计色调起到陪衬作用，尽量突出商品的色彩。此外，商品的质感也往往在特定的光和背景下才显出魅力。例如，玻璃器皿的陈列，就必须突出其晶莹剔透的特色，以吸引顾客。

（四）商品的群体与个体

商品是以群体出现还是以个体出现，对顾客的购买心理有很大影响。小件商品的群体可以起到引人注意的作用，但过多的聚集也会使消费者产生“滞销”的猜测。不对称的商品群体处理巧妙会给人以“抢手”的印象。至于贵重的商品只有严格限制陈列数量才能充分显示其价值。对以群体出现的商品，室内设计应配以活泼的气氛；对以个体出现的商品，设计上应追求高雅的格调。

（五）商品的“性格”

商品的“性格”决定室内设计的风格。同是时装店，高档女装店的清新优雅与青年便装店的无拘无束应截然不同。室内设计的风格与经营特色的和谐与否直接关系着商品的销售。

二、商品陈列的 “九字方针”

从简单化管理的原则出发，陈列其实是需要用心的细致活。如果按照基本的要求执行，就能有效提升卖场形象、促进销售。

（一）量

作为陈列的首要原则来说，“量”自然有其重要的意义。俗话说，货卖堆山，意思就是说商品陈列要有量感才能引起顾客的注意与兴趣，同时量感的陈列也是门店形象生动化的一个重要条件。

（二）集

同类别商品要集中陈列在邻近的货架或位置。集中陈列的要求也是量感陈列的体现，同时让顾客能更容易地按照集中的类别找到自己所需要的品牌或品种。

（三）易

易拿、易取、易还原是商品陈列的原则之一。因为即使再美观、大气的陈列（堆码），若顾客拿取不方便，或者拿了放回去极为麻烦，也无法起到促进销售的作用。

（四）齐

商品陈列时尽量保证一个品牌或系列的商品能配套齐全，同时集中陈列，这样才能让顾客有更大的选择余地，在陈列上也能体现整齐、美观的效果。

（五）洁

卫生、整洁是顾客对商品陈列乃至整个卖场环境的要求之一。卖场人员在陈列商品的同时要及时清理商品及货架或堆码位置的卫生，将商品上的灰尘及时擦拭干净，体现商品的新鲜度。

（六）联

很多商品在顾客心目中是有关联性的，当顾客购买某一个商品时他会需要与之相关的商品来配套使用，或者经过卖场人员的精心安排，顾客会发现买了甲商品再加乙商品会是个不错的搭配。这样关联的商品陈列就显得很有必要，如牙膏与牙刷、茶具与茶叶、垃圾篓与垃圾袋等。

（七）时

卖场人员在进行商品陈列时需要注意商品的保质期等问题，特别是保质期较短的商品，如面点、冷藏商品等。卖场人员要遵循“先进先出”的陈列原则，当货架上陈列在前排的商品被顾客拿空后，补货人员应该先将后排的商品推到前排，然后将新鲜的新品补到后排空处。

（八）亮

商品要尽量摆放在光线较好、视觉效果好的位置，以保证商品易见、易找。

（九）色

很多顾客在卖场购物属于冲动购买，而引起顾客冲动购买欲望的因素除价格、品种、量感外，商品外包装的美观及视觉上的冲击也是重要因素之一。因此，在陈列商品时卖场人员应注意各种商品陈列时的色彩搭配，冷暖色调组合应适宜，避免同种色彩的不同商品并列集中陈列，以免造成顾客视觉上的混淆，包装雷同的商品更要注意区分开来。

三、门店商品陈列技巧

专卖店陈列设计的成功在于特色，商品陈列技巧有一些共同性的要求，例如专卖店的陈列特色突出、色彩协调、材料选择适当等。由于专卖商店种类不同，它们对商品陈列的要求也与众不同，即使是同一类专卖商店也有必要寻求自己的特色。陈列的技巧如下。

（一）依商品类别进行陈列的法则

专卖商店的商品陈列常常依商品类别情况而定。在一般情况下，商品应放在柜台外展出以便顾客选购，但对于一些贵重的小型商品，如珠宝、首饰等，不应采取开架陈列方式。

1. 随意性购买品

随意性购买品是指顾客无须事先计划而随意地进行购买的商品，大多是常用的小商品，价值不大。顾客产生购买的动机常是由于看到了吸引人的展示品。对于这些商品，小型专卖店应放在入口处，大型专卖商店应陈列在主要通道。

2. 便利品

便利品是指人们日常生活所需，无须严格挑选的商品。顾客的购买特征是经常性购买，但一次购买量不大。便利品应放在主要通道两侧明显的位置。

3. 选购品

选购品是指对顾客来说并非经常购买的商品，顾客的购买特征是在购买前反复比较和挑选。对于这类商品，仅有一层楼的商店应放在后半部，有几层楼的商店应放置于最顶楼。

4. 器具

器具是指家庭需要的日用品，人们购买的动机是实际需要，一般陈列于入口处和主通道。

5. 奢侈品

奢侈品又称贵重品，顾客一般会经过认真计划和进行品质、价格比较后才购买，因此最好陈列在距入口处较远的地方。

（二）依方便顾客进行陈列的法则

专卖商店的陈列除了要考虑商品因素外，还应注意顾客购买是否便利。

1. 一次购齐

为了购买方便，应将相互关联的商品靠近陈列。例如，衬衫、西裤、领带、皮鞋和皮带应放在相邻的地方，使顾客能在最小的空间内买足他所需的商品。

2. 最快购物

为了使顾客花较少的时间完成购买，商品陈列应有助于提高购买效率。靠近销售区设立一个收银台，可节省顾客来回走动的时间；设流动性展览柜可以接待更多的顾客；使用多层专柜可以利用上下空间陈列更多的商品，减少店员去仓库取货的时间。

（三）依主题进行陈列的法则

专卖商店的生命力在于创造人们想象的空间，因此依主题进行商品陈列是一个很重要的课题。所谓主题陈列，即在商店内创造出一个生活场景，使顾客产生一种宾至如归的感觉，可以自由地进行选择或欣赏。

1. **主题的确定**

在确定主题时，应进行多方面的研究和思考，一方面要反映专卖店的宗旨和特征，另一方面要迎合时代潮流。

例如一家时装店选择了休闲主题，那么商品选择就应追求自然、轻松和悠闲，店面展示突出休闲及运动性服装。如果专卖商店的规模较大，可以布置若干休闲场景，诸如舞厅场景、滑雪场景、沙龙场景等，并用模特所穿的服装引起顾客兴趣。

2. **主题的发掘**

专卖商店的主题陈列是需要发掘的，与众不同才会在竞争中更胜一筹。例如，有一家普通的花店，出售各种鲜花，店面陈设与别的花店没什么两样，经营状况平平。这家店主非常喜欢蔷薇花，就将花店改为专卖蔷薇花的店铺，与其他花店形成了区别，花店的特色吸引了不少顾客。但商圈内对蔷薇花的需要毕竟有限，店主于是根据主题，收集了各种印有蔷薇花图案的商品，如桌布、椅垫、餐盘，以及小装饰品等，统统陈列于店面内销售，结果生意很好。这种方法不仅吸引了对蔷薇花有兴趣的顾客，也使对蔷薇花不了解的顾客发现了此花的魅力。

3. **主题的表现**

专卖商店的主题表现除了利用货架、模特、样品、空间等硬件设施外，还应注意所呈现的气氛和格调。例如，服装店应突出潇洒、漂亮；食品店应注意整洁、卫生；首饰店应显示出高雅、华丽；钟表店应呈现生命和时间的关联。即使同为服装店，因档次不同，商品陈列也应有所差别。经营大众化服装，就应避免富贵、豪华的展示；而经营高档服装，应避免选用普通的模特进行展示。总之，表现形式应与主题一致，这样才会形成特色，受到顾客的喜爱。

四、不同设备物品的布置要求

（一）货架组合摆放及布置

货架组合即货位设计，货位是指商场中存放、陈列和出售商品的各个部位所占用的营业面积。货位的分布形式有直线式、斜线式和曲线式三种。

1. **直线式**

直线式货位就是货架和通道呈矩形分段布置。它主要适用于超级商场和大型百货商店。其优点是顾客易于寻找货位地点，易于采用标准化货架；缺点是容易造成冷清气氛，易使顾客产生被催促的感觉，顾客自由浏览受到限制。

2. **斜线式**

斜线式货位就是货架和通道呈菱形分段布置。其优点是可以使顾客看到更多的商品，气氛也比较活跃，活动不受拘束；缺点是不如直线式能充分利用场地面积。

3. **曲线式**

曲线式货位的分布和顾客通道都是不规则的曲线形式。它是开架销售常用的形式，主要适用于大型百货商店、服装商店等。其优点是能创造活跃的商店气氛，便于顾客选购浏览、任意穿行，可增加随意购买的机会；缺点是浪费场地面积，寻找货位不够方便。

（二）花车和专柜

花车和专柜应布置在最显眼的区域并留有较宽阔的空间以供多个消费者同时选购、咨询。专柜应该有特殊的装饰布置，以显示其内商品的特殊性，专柜处还可适当设置座位，为顾客咨询提供一个舒适的环境。

（三）广告位

1. 售点广告

售点广告也称POP（Point of Purchase）广告，是指在商店的周围、入口、内部以及有商品的地方设置的广告。它具有强烈的视觉传达效果，可以刺激消费者的购买欲望，而且具有低成本、直接性和有效性的特点，是零售商店的一种主要的促销工具。

2. 视频广告

视频广告宣传系统要布置在大多数人能够看到的地方，并应注意声音的控制，以达到广告宣传全面覆盖店面的目的。

（四）收银台

“捷+舒”原则：“捷”即迅捷，便于顾客结账；“舒”即舒服，让消费者感觉舒服。大量调查表明，弧形的收银台设计使消费者感觉更舒服，收银台四周应留有充足的空间，以备很多顾客同时结账所需。

（五）门店各类证照、奖牌

门店各类证照、奖牌应根据公司总部指定的位置悬挂、摆放（注意协助体现企业及门店的文化）。如有污损、残旧应及时清洁、翻新。

（六）垃圾桶及清洁用具

垃圾桶应设在最方便顾客的位置，而且形象设计上要与整个店面的风格保持一致，垃圾桶应该每半小时清理一次（一旦装满应立即清理）。垃圾桶内外均保持洁净，周围无积水、无垃圾。使用完毕的各类设备、工具（包括清洁工具，如桶、抹布等）、清洁剂等应有序放回指定位置。

（七）消防器材

应保持消防器材的有效使用性，及时更换过期的消防器材；将消防器材放在最方便使用的位置，以保证门店的安全。

（八）其他

天花板、灯及灯罩、地面、墙壁、立柱、管道、门、窗、镜面、玻璃、桌、椅、货架、地柜、灯箱、广告牌、垫板、地垫等设备均应保持清洁、明亮、无尘、无水迹、无印痕、无坏损、无蜘蛛网，不得出现卫生死角。摆放要统一，注意营造宽阔的店面空间，体现本店的环境特色，以烘托产品特点。

五、门店装潢与设计

（一）天花板

天花板的作用不仅仅是把店铺内的房梁、管道和电线等掩盖起来，创造美感，更重要的是创造良好的购物环境。门店的天花板设计力求简洁明快，在形状的设计上通常采用的是平面天花板，也可以采用简洁的垂吊型或者全面通风型天花板。

天花板的高度要根据店内的营业面积来决定。经营者必须重视天花板高度这一问题。天花板高度如果设计得过低，会使顾客产生一种压抑感，使顾客无法在店内舒适自由地浏览。所以合适的天花板高度对于购物环境甚为重要。

一般卖场面积为300平方米左右时，天花板的高度最好为3～3.3米；卖场面积为600平方米左右时，天花板的高度最好为3.3～3.6米；卖场面积为1 000平方米左右时，天花板的高度最好为3.6～4米。

天花板的设计装潢不但要考虑形状和高度，还必须把照明器具、空调机、监控设备、警报装备、灭火器的位置考虑在内。

（二）墙壁

门店内部墙壁设计的总体要求是坚固和干净，坚固是从安全性角度考虑，而干净就要选择那些防潮防湿、易于清洗清洁的材料，一般使用灰泥，再加上适当的墙壁装饰材料。

对于以物美价廉为宗旨的食品、百货等特许门店而言，墙壁装潢只要求简朴干净，这是因为店内墙壁绝大多数为陈列货架所遮掩，相比较高档服装、电器等特许门店而言，商品陈列与墙壁配合的效果要低得多。但装潢材料必须牢固，这是因为这类门店经营冷冻食品，由此产生的水汽对墙面有侵蚀作用。

高档门店、特色门店等则需要在墙面上下功夫，从装饰材料到色彩都不能忽视。

（三）地面

在特许门店中，地面的设计装潢一般分为顾客通行地区和陈列售货地区两部分。可以统一装潢，也可以分别装潢，以节约费用或使两部分更加完整。

店内地面材质的选择，应与天花板、墙壁选用的材料相协调。店内的地面是和顾客接触最多的地方，要使其带给顾客良好的触觉与视觉感受，还要顾及商品陈列效果的配合。

地面材质的基本要求是：能够承受住店铺内设备的重量，同时要求耐久、耐脏和易清洗，并保证顾客的安全，太滑、高低不平是很危险的。一般不选用水泥作为地面材料，虽然其价格低、施工方便，但不利于创造良好的空间环境，其灰色基调很难衬托商品陈列的效果。同时可以进行一定程度的人性化处理，如在地面贴上脚印图案等，引导顾客进入店面。

（四）人工景致

为配合门店经营商品的性质，可适当地在门店中设计人工景致来营造特殊的环境，突出商品的特殊性质或异域风情。如吉野家日式快餐店内的景致设计具有浓厚的日式风格，给人身临其境的感觉，能提供给顾客综合的体验式服务。

（五）文化宣传板

通过在墙壁上张贴有关特许经营企业的历史、企业文化的介绍，能够使顾客在购买商品、享受服务的同时，增进对企业的了解，加深对企业的亲切感，了解并认同企业的文化，起到宣传企业的作用。

（六）声音

正常的、令人愉快的声音，可以吸引人们对商品的注意。例如，在电器经营场所，音响设备及电视机的播放声均属于正常的声音，可以引起顾客对商品的注意。

有一些来自外部的噪声会令人不愉快甚至难以忍受，破坏商店力求营造的气氛。对此，商店可有意播放一些背景音乐，以掩盖令人不愉快的噪声。在使用背景音乐时，要注意控制好音量。

播放什么背景音乐，取决于经营者想让顾客待多久。若想让顾客待久一点，就播放舒缓的音乐；播放有激情、快节奏的音乐，会对顾客起到催促的作用。

（七）气味

有些气味可以增进人们的愉快心情。例如，花店中花卉的气味，化妆品柜台的香味，食品店的饼干、糖果、蜜饯等的气味，对促进顾客购买是有帮助的。但是，也有一些令人不愉快的气味，可能会将顾客赶跑。例如，地毯的霉味，洗手间的臭味，商店装饰材料的油漆味、塑料味，以及邻近商铺飘来的不良气味等。对正常的气味可适当增加浓度，对不良气味应尽可能降低其浓度。

为此门店应精心设计适合自身所售商品的气味氛围，帮助顾客在轻松、愉悦的环境中购物，适当的、合理的香味能吸引顾客驻足，成为当下门店装修设计的重点环节。

（八）通风

为了保证商店内空气清新通常、冷暖适宜，应加强通风设施的建设。小型商店多采用自然通风方式，有条件的现代化大中型商店则可采用机械通风方式。

六、POP 广告设计

（一）POP 广告的含义

POP 广告可以说是门店的引导，它可以替代销售员将商品的特性及说明传达给顾客。因此，凡在店内外所有帮助促销的广告，或其他可以提供商品相关情报的服务、指示、引导等的标示，都可以称为 POP 广告。

（二）POP 广告的分类

1. 悬挂广告

从天花板梁柱上垂吊下来，易引起注意，而且从各个角度都能看到。

2. 柜台广告

柜台上的店面广告陈列，最能吸引消费者的注意力，因此最能产生促销效果。

3. 壁面广告

以海报、装饰旗为主，除具有商品告知的功能外，亦能美化商店的壁面。

4. 落地式广告

放置在商店内外的地面上，材料可使用纸、厚纸板、塑胶、压克力、金属等。

5. 吊旗广告

装饰在商店内外，在短期内使用，最适合用于营造促销气氛，以布、塑胶布为材料。

6. 光源广告

在广告内部放入荧光灯，利用其光源将商品的文字、图形照亮。

7. 价目表及展示卡

在价目表上写明标价，在展示卡上说明商品的特性。此种属于小型的POP广告，放置在商品旁、橱窗内，或是直接与商品附在一起，效果极佳。

8. 贴纸

粘贴在商店壁面、橱窗玻璃上的小型印刷物。大多以平面印刷，或以合成纸压成凸型。小巧、不占空间、价格便宜、极具广告效果。

（三）POP广告的功能

POP广告的任务主要在于介绍商品特质，并能使全店的气氛更为活泼。一般而言，POP广告有如下功能：

（1）掌握消费者的购买行为。POP广告是广告传播的补充工具。在消费者走入门店，决定购买前，可用POP广告唤起消费者的注意，使其购买该产品，以免消费者临时变卦，使交易功败垂成。

（2）刺激消费者的购买欲望。

（3）充分利用门店的销售空间。在门店的橱窗内、陈列架上，各厂商竞相争夺较好位置与较多空间。陈列架以上到天花板的空间也同样重要，这里虽不会摆上产品，但挂上一个杰出创意的POP广告对销售效果也大有助益。

（4）无声的忠实“推销员”。POP广告被张贴在墙壁上，或被吊挂在天花板下，传达厂商商品的信息，忠于职守，永不擅离工作岗位。

（5）提高厂商、商品的知名度。POP广告摆设在门店最显眼位置，能快速提高商品知名度。

（6）进行新产品的告知。

（四）POP广告的摆设

要想使POP广告达到理想的宣传效果，仅仅靠广告物自身设计成功还不行，还必须依赖于将其科学合理地安置和摆放。常常有这样的情况，广告物设计得非常新颖独特，但摆设得不合理，因而未能发挥应有的效果，甚至适得其反。所以POP广告的摆设是策划中一个很重要的问题，具体来说应该注意以下几个方面：

(1) 不要与商品离得太远;
(2) 不能遮挡展示的商品;
(3) 要与顾客的视线齐平;
(4) 不能妨碍顾客触摸商品;
(5) 不能用强力胶贴在商品上;
(6) 不能直接画在商品上;
(7) 考虑日后容易拆卸;
(8) 广告用的文字和色调必须统一。

案例评析

正确合理的商品陈列可以起到展示商品、刺激销售、方便购买等重要作用，正确运用商品的配置和陈列技术，有利于提高销售额。

任务五 门店照明与色彩设计

案例导入

传统的奢侈品照明要求低照度，希望营造出高端和品位的吸引力；而传统的运动品牌照明则要求高照度，用灯光反映出受众需要的青春和活力。NIKE 专卖店的灯光设计可谓撷取两家之长。

NIKE 专卖店使用陶瓷金卤灯，准确分布的灯光，不仅能很好地展示所陈列商品的独特性，而且具有防强烈反射光线的功能。在这样的光线下，消费者能够充分感受到 NIKE 商品的高档质感。

NIKE 专卖店灯光设计的另一个显著特点是从店外到店内光线的过渡流畅，且层次分明。从进门开始，明亮的灯光环境和不同区域有层次感的照度分布，能帮助消费者产生愉悦的购物心情，并刺激消费者的购物欲，这些都构成了 NIKE 的活力源泉。

专业的照明设计和实施，有力地推动了 NIKE 系列商品的销售业绩，更让 NIKE 的品牌形象深入人心。

资料来源：http://www.ycwb.com/ycwb/2007-01/30/content_1364521.htm.

? 问题与思考:

为何照明设计对实体店来说特别重要?

知识探究

成功的百货业照明，需要以优质的照明产品来营造轻松愉悦的气氛，引导顾客产生积极的消费心理。从装修风格和布局基本照明，到货品陈列的特殊照明，应在每个细微之处为顾客购物创造出与众不同的光环境，让顾客尽情享受整个购物过程，体验购物带来的乐趣。

一、灯光照明设计

灯光照明是商店内部环境的重要因素，科学地配置灯光照明有利于突出商品，增强购物气氛，吸引和引导消费者选购。

（一）店内照明的类型

1. 基本照明

基本照明是指保持店堂内起码的能见度，以方便顾客选购商品。大多数商店多采用天花板上配置荧光灯，以保持整个商店的均匀亮度。设计商店的基本照明时，若以店内的照度为基准，并设它等于1，则其他各部分应取不同比例。店前照度大约为0.1，主要使消费者有一个短暂的适应过程，并引导消费者入店；店内前部的照度为2.5，以展示店铺形象；橱窗的照度为3，以突出橱窗内的商品。

2. 重点照明

重点照明是对商品及其陈列商品的货架进行照明，以方便顾客选购商品。一般采用聚光灯、探照灯等进行定向照明，亮度为基本照明的4～5倍，应根据商品的种类、形状、性能采用不同照射角度。

3. 装饰照明

装饰照明是为店内装饰营造空间层次而使用的照明，主要采用彩灯、壁灯、吊灯、挂灯和霓虹灯等照明设备。比如，有选择地在商品货架上方设置霓虹灯广告牌，能以强烈的光线、绚丽的色彩烘托出购物气氛；在小格局式的店中装饰各种彩灯、壁灯等，也会给消费者以赏心悦目的感觉。装饰灯光的设计应与商店整体形象协调一致。大型商店的灯光讲究富丽堂皇，中小型商店则应以简洁明快作为灯光设计的标准。店内的不同位置应该配置不同照明度的灯光，如纵深处照明亮度应高于门厅。

（二）照明设计的新趋势

1. 全面评估照明质量

对照明质量的要求可概括为三个层次：明亮、舒适、有艺术表现力。当然，三者融为一体的照明是最佳的照明。

（1）明亮：有合适的工作面照度和均匀度，作业对象和背景有良好对比，有适宜的环境亮度。

（2）舒适：没有眩光和频闪，人和物的造型立体感自然、悦目，作业区域与周围环境的亮度比适当，照明控制灵活方便。

（3）有艺术表现力：光形成特定的情调和氛围，环境亮度富有吸引力，照明装置外观优美，融合生动变化的天然光和室外景观。

2. 关注节能、环保和健康

节能、环保和健康是绿色照明的基本宗旨。美国国家环保局倡导的绿色照明已普及全球，深入人心，对照明设计有深刻影响。绿色照明以节能为中心推动高效节能光源和灯具的开发应用，制定照明产品能效标准和建筑照明节能标准，引导照明设计采用高效节能照明产品，近年来特别关注照明造成的负面影响，如眩光、光污染和光干扰。

3. 设计观念和设计手法的革新

对照明质量的全面理解与照明新技术的涌现促成了设计观念和手法的革新。

（1）以人为本，个性化的设计，普及照明调控，关注个人对光的不同需求，追求个性化的照明风格；

（2）注重光色的选择，用光营造情调和氛围，满足人们精神上的追求；

（3）非均匀照明、动态照明，在需要光的时间把适量的光送到需要的地点；

（4）室内、室外照明手法的互补和交叉；

（5）舞台照明手法的应用，包括彩色灯光、动感照明、刻画重点、隐蔽光源。

好的照明设计使店铺富有活力，过高的照度会使顾客感到不适与紧张；而过低的照度设计又会令人感到沉闷、不舒服。因此，门店的照明设计要把握好度，不可过高也不可过低。同时，也要充分考虑到特许经营发展的地域特性、城市电量供给情况，尽量选用高效、节能的灯具。

二、色彩设计

色彩的冷暖是人们对色彩最基本的心理感觉。在掺入了人们的思想感情和各种生活体验之后，色彩也就变得十分富有人性和人情味了。一般说来，暖色给人以温暖、快活的感觉；冷色给人以清凉、寒冷和沉静的感觉。如果将冷暖两色并列，给人的感觉是：暖色向外扩张、前移；冷色向内收缩、后退。了解这些规律，对商店购物环境设计中的色彩处理是很有帮助的。门店内部色调主要体现在地面、天花板、墙面、货架等部分。色调设计中要注意变化与和谐统一，注意与企业“标准色”的配合。

（一）店内色彩

1. 商品形象色

在人们的印象中，不同商品具有不同的色彩形象。对此在设计商店购物环境时一定要考虑到，并给予正确处理。

2. 店内各部位的色调

首先，色彩运用要与商品本身色彩相协调。店内的货架、陈列台必须为商品的销售提供色调的支持，以衬托商品、吸引顾客。例如，化妆品、服装等应使用淡雅、洁净的色调，音像制品、玩具、礼品等应使用浓艳、对比强烈的色调。

其次，色彩运用要与楼层、位置相适应，创造不同的气氛。例如，多层建筑的一层营业厅或入口处对顾客的第一印象影响大，应使用暖色调，形成热烈的迎宾氛围；地下营业厅沉闷、阴暗，用浅色调装饰，能给人以赏心悦目的清新感受。

（二）色彩表现方式

商店为了确定统一的视觉形象，应设定商店的标准色，以显示商店的独特个性。但在商店不同的楼层或位置，色调的使用又必须有所区别，形成不同的风格，以唤起顾客的新鲜感，减少视觉与心理疲劳。

店内的色彩表现一般有以下常用方式。

1. 对比手法

充分利用标准色，与其他同类商店形成鲜明的对比，并形成自己的风格，以便消费者识别。

2. 与商品本身的特征相结合，利用色调变化衬托商品

这里需要了解不同颜色所引起的视觉刺激和心理效应，如红色、橙色、黄色等暖色比较显眼，容易引起人们的注意，常被用来表现兴奋、快乐的情感；而白色、蓝色、绿色等冷色不太显眼，用以营造宁静、安详的气氛。根据商品的特性恰当地进行颜色搭配将直接影响购买者的购物感受。

3. 根据季节变化调节商店环境的色调

如春季调配嫩绿，给人以春意盎然、万物更新之感；夏季调配淡蓝色等偏冷的色调，给人以凉爽宜人的感觉；冬天则可调配橘红色等暖色调，给人以温暖舒适的感觉。

总之，照明和色彩设计最能体现店铺的精神面貌，加盟店的统一性就要求设计者以统一的色彩、统一的材料、统一的造型、统一的灯光效果去面对不同地域的消费者，给人以统一的形象感。

案例评析

商店环境中的灯光、色彩等因素是不可忽视的，它们不仅能够给顾客以美的享受，运用得好还可以刺激消费者的购买行为。

项目小结

本项目主要介绍了特许经营门店外部装修和装潢、门店功能分区、门店人流和物流导向、门店商品摆放及陈列、门店照明与色彩设计的基本知识和方法。

实操题

设计 POP 广告并进行合理摆设。

项目五 特许经营单店管理

问题引入

特许经营单店管理主要涉及门店营业员的业务操作，是特许经营单店运营的主要内容之一。那么，应如何有效地建立和执行门店营业管理的有关制度呢？

任务导读

- 特许经营单店管理
  - 门店操作员规范
  - 商品推介技巧
  - 门店营业管理制度
  - 门店日常运营流程
  - 门店服务规范

学习目标

知识目标：学会商品推介的各种技巧；学会制定门店营业管理的各项制度。

能力目标：掌握门店操作员具体规范。

任务一 门店操作员规范

案例导入

海底捞为了达到顾客100%满意，在制度上层层把关，力争在每个细节上做到完美无缺。在细节上体贴顾客，让顾客在服务员的体贴关怀中获得良好的就餐氛围。如：每个服务员要向在 30 米以内遇到的任何一位顾客说“您好”；不主动向客人推荐 200 元以上的酒水；客人如不是自己驾车要主动问讯是否需要帮助打车；雨天要询问客人是否需要雨伞，等等，让前来就餐的顾客倍感温馨。上至经理，下至服务员，在服务顾客上，每个人都是一样的，经理、各级主管都有一套服务员工作服，在客多、服务员忙不过来的时候，经理也要去餐厅端盘子。

? 问题与思考：

海底捞的门店操作员是如何保证优质的服务的？

知识探究

一、门店操作员的职业仪表

（一）仪表标准

门店操作员的职业仪表标准如表 5－1 所示。

表 5－1　　门店操作员的职业仪表标准

服饰美	和谐、大方，穿戴整洁
修饰美	美观、淡雅，讲究个人卫生
举止美	言谈清晰文雅，举止落落大方，态度热情稳重，动作干脆利落
情绪美	热情洋溢，精力充沛

（二）仪表禁忌

（1）头发要经常清洗以保持清洁，男性职员头发不宜太长、染色，女性职员发型不宜过于显眼、古怪。

（2）男性职员胡子不能太长，应经常修剪。

（3）汗渍应及时抹去，油性皮肤应经常清洗。

（4）上班前不能喝酒或吃有异味食品，应保持口腔清洁和无异味。

（5）指甲不能太长，应经常注意修剪，女性职员涂指甲油要尽量用淡色。

（6）女性职员宜化淡妆，不能浓妆艳抹，不宜用香味浓烈的香水。

二、门店操作员的语言表达

门店操作员的语言表达如表 5－2 所示。

表 5－2　　门店操作员的语言表达

表达技巧	态度要好：点头示意，笑脸相迎
	表达恰当：说话准确、贴切

表达技巧	突出重点：推荐和说明必须抓住重点、突出要点、言简意赅
	通俗易懂：避免专业术语
	语气委婉：把顾客忌讳的话讲得中听
	语调柔和：说话柔和，使顾客感到舒服
	有问必答：尽量回答顾客问题，对不知道的应表示歉意
	留有余地：不能说“没有了”“不知道”等绝对的话
规范用语	您好
	好的
	请您稍等
	让您久等了
	可以吗
	对不起
	谢谢您
禁忌用语	你自己看吧
	你要的这种没有
	我不知道
	不可能出现这种问题
	这肯定不是我们的原因
	别人用得挺好的呀
	我们没有发现这个毛病呀
	我只负责卖东西，不负责其他的
	你先听我解释
	没看我正忙着吗？一个一个来
	这些产品都差不多，没什么可挑的
	你怎么这样讲话
	你相不相信我
	这么简单的东西你也不明白
	想好没有，想好了就赶快交钱吧

三、处理顾客投诉的原则

（一）倾听原则

耐心、平静，不打断顾客陈述，聆听顾客的不满和要求。

（二）满意原则

这是处理顾客投诉的首要原则。处理顾客投诉的最终目的不仅是解决问题或维护好门店的利益，而且它的结果关系到顾客在经历这一问题的解决后是否愿意再度光临，这一原则和概念应该贯穿整个顾客投诉处理的全部过程。

（三）迅速原则

迅速地解决问题，如果超出自己处理的范围需要请示上级管理层的，也要迅速地将解决方案通知顾客，不能让顾客等待太久。

（四）公平原则

处理棘手的顾客投诉时，应公平谨慎，有理有据说服顾客，并尽可能参照以往或同行处理此类问题的做法。

（五）感谢原则

处理结束后，一定要当面或电话感谢顾客提出的问题和给予的谅解。

资料链接

顾客投诉处理的程序

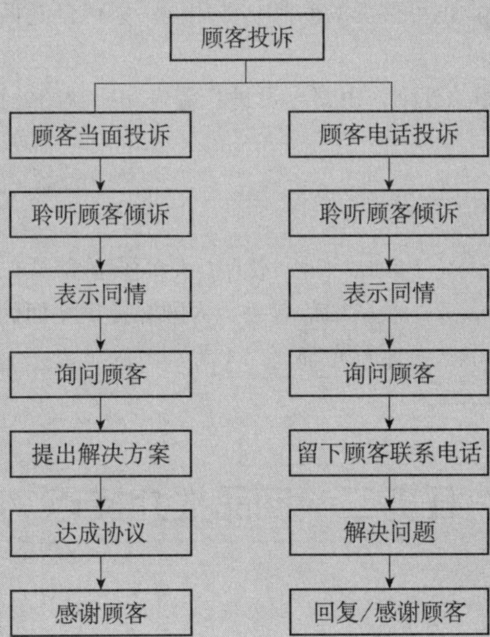

四、完善 POS 系统

为了更好地完善 POS 系统，应严格遵守以下规则：

（1）操作员必须在当天把到货采购单（付款单）录完，未付款单、移库单（移出、移进）、调价单在两天之内录完（特殊情况例外）。

（2）操作员每天都要在晚上一点之前日结（后台日结），上早班的在八点半日结，其他时间不得日结，其他人未经操作员许可不得日结。

（3）当日结之后，可能会存在一些未日结的数据。门店操作员或门店负责人在销售管理中的销售分析处查看有无未日结完的数据，若有未日结的数据，可通过系统设置在当天的数据日结一次。

（4）收银员把没建档的商品记录下来并交给操作员，由操作员负责把没建档的商品建档，无条码的商品一律用电脑自动生成的编码为条码。其他人未经操作员许可不可随意建档，若发现有没建全的档案，一切由操作员负责。

（5）除管理员、操作员、门店负责人之外其他人不得进入 POS 系统后台，门店操作员、负责人在用完 POS 系统后台后一定要退出系统，不得使其他人查看后台资料。

（6）操作员在录入完采购单一定要查看采购单无误之后才可入账，由门店负责人负责检查或由督导员进行核查。

（7）门店换奖商品，在与原商品不相符时，由操作员做记录，再通知总部打印商品条码，粘贴在该商品上或门店在销售此商品时按原条码销售。

（8）由供应商赠送的商品必须按赠品入库。门店报损的商品一定要录入出库单，调价商品要录入调价单。

（9）对于某些既可单卖也可整卖的商品，要用同一条码新建两个档案，分别选择整个商品和单个商品。

（10）操作员若违反相关规则，由督导员进行警告和罚款的处罚，情节严重者辞退。

案例评析

餐饮业经营的关键不仅在于餐饮店地段优越、店面设施舒适，还在于门店操作员热情周到、让顾客满意的接待服务。要从细节着手，为顾客提供全面而又体贴的服务，让顾客消费得满意、吃得开心，下次还愿意光临。

任务二 商品推介技巧

知识探究

一、促销技巧

（一）现场商品促销

1. 关联商品集中陈列

特价、畅销、促销商品可采用端头陈列、堆头量感陈列（阶梯形、中间立箱），以提高陈列效果，刺激购买欲。

2. 商品定价

科学合理定价；体现平价概念；敏感、畅销、季节性商品低毛利，其他商品保持一定毛利率；低价吸引，限时定价，减少损失。

3. 商品配置

便利原则；适销原则——结构合理、市场调查、分析消费群。

（二）POP广告促销

POP广告的功能主要是简要介绍商品的特色、价格、用途价值，是商品与消费者之间的间接对话，建立商品与消费者的联系。POP广告的这种作用在无营业员作为中介的超市等自动式门店更突出，能提高商品的陈列效果。POP广告具有强烈的视觉效果，可刺激消费者的购买欲望。

POP广告的主要作用是吸引路人入店；让顾客知道店内销售什么；告知商品价格；传递最新商品供应信息、商品价格；告知店内有特价商品推出；活跃卖场气氛以及刺激顾客购买欲，进而促销销售。

POP广告传递的原则包括准确性和逻辑性两方面，即要体现门店的特征以及商品实用、价廉，同时装饰井然有序，渲染有度。POP广告所要达到的效果是促进销售，这是主要目的，故只能唯实而不能唯美。

POP广告制作的方式一般是手绘，要点是：引人注目；易读、易掌握诉求的重点；具有美感、亲切感、创意、吸引力、统一和协调感。POP广告的内容要求是简短有力、言简意赅，能表现商品价值特征及诉求点。

（三）人员推介

人员推介的作用有：可拉近、消除与消费者之间的距离；可提高顾客的优越感（感受到自己被重视）；建立门店亲切、和气、热情的服务形象；表达准确，以诚相待，使顾客详细了解商品。

人员推介的方式有：内部推广——及时传递信息，沟通贯彻到员工；技巧性推介——尊重、重视顾客，热情、如实推介，了解顾客心态。

在促销中POP广告促销和人员推介相辅相成，同样重要。

二、消费者购物心理

消费者的购物心理可以分为7个阶段：注意—兴趣—联想—欲求—比较—信念—决心。

（1）注意：吸引目光，注视观看，可通过广告宣传、陈列等达到目的。

（2）兴趣：引发兴趣，可通过广告宣传让顾客产生兴趣。

（3）联想：购买前的联想，让顾客想到购买后的效果。

（4）欲求：想要拥有及购买。

（5）比较：与类似的同种商品比较，做出选择。

（6）信念：经过上述的5个阶段，顾客经过反复的酝酿后，对商品进行了肯定。

(7) 决心：决定购买并付出行动。

资料链接

一家人一起逛街，卖场里摆着一台新款的电视机，吸引了大家的注意，这台电视机可以同时浏览三个画面，但他们不知道能不能连接电脑，营业员为他们做了详细的介绍，大家觉得很不错。这时有人就会产生购买的欲望，但发现价格高了一点，营业员针对顾客的这一心理耐心地解释：这是新产品，功能多，还附带立体音响，虽然价格高了一点，但还是很划算的。这时如果有人觉得合适，就可能会购买。

三、营业员推介技巧

（一）营业员基本知识的要求

(1) 了解经营管理决定；
(2) 掌握商品知识；
(3) 能区分顾客的类型。

（二）营业员的接待步骤与方法

1. 待机

待机即顾客上门之前的等待行动。营业员应站在规定的位置上，以良好的姿态迎接顾客。没顾客时，可做些整理、检查商品、陈列变更等工作。营业员的主要任务是接待顾客与销售商品，而不能本末倒置地去做其他的工作。

2. 接近顾客

当顾客对商品产生兴趣时是接近顾客的最好时机。顾客产生兴趣的表现有：注视特定商品（注视）；手触商品（触及）；寻找商品（寻找）；停下脚步（停驻）；与营业员视线相遇；与同伴交谈。

3. 商品展示

由低档至高档逐一展示；注意展示时的动作、语调、神态；力求从各个角度展示商品，并诉诸感官；动作快捷、稳当；尊重顾客的心理感受；提供商品的质量保证。

4. 商品说明

商品说明是指根据实际情况向有不同需要的顾客针对商品进行说明、强调、陈述。

营业员须先了解商品知识，包括：名称、种类、价格、特征、功能、质量、款式、尺码、产地、制造商、商标、制造过程、颜色、使用方法、流行性。

获取商品知识的途径有：向前辈学习；阅读专业报刊；向制造商、批发部的推销员请教；与同事讨论；参观工厂及商品展览；亲自试用；仔细阅读商品说明书；向顾客学习。

说明时口气必须恰如其分、简明扼要、速度平稳，不能又长又冗、快嘴快舌、吞吞吐吐，并注意以关心、诚意、喜悦的神情、态度、动作与语言相配合；要态度诚挚、实事求是，不可信口开河、言过其实；介绍优点要有节制，不要全部端出，而要步步为营；不可毁谤其他商店的商品。

5. 诱导劝说

营业员应细致观察顾客的感知反应，揣摩顾客的心理活动状态，进行诱导劝说，影响顾客对商品的倾向性，增强其购买欲望。

诱导劝说工作一般采用以下措施：

（1）根据顾客对商品介绍不满意的地方委婉地诱导说服，使之对自己不满意的理由发生动摇，完成购买过程。

（2）站在顾客立场上委婉如实地解释商品的优缺点，满足顾客反复权衡的心理需要。

（3）若实在无法使顾客对商品感到满意，则不可强人所难，否则会陷入僵局，甚至使顾客产生抗拒心理。

（4）抓住要领推荐连带性或代用性商品，提示购买的方便；避免价格上的心理阻碍，给予顾客较多的思考机会，使其产生周到之感，满足顾客求方便、求实惠的心理。

（5）从商品的命名、商标、包装、造型、色彩和价格等方面，适当提示某些迎合顾客心意的有关寓意或象征，增强商品的魅力，丰富顾客对商品各方面的联想，帮助顾客确立购买的信心，促进采取实际购买行动。

6. 促进成交

最佳的成交时机是顾客的购买欲望最强、最渴望占有商品的时刻（各方面条件都成熟的时刻）。要观察顾客在购买过程中的表情及言行，当这个最佳时机到来时，顾客的言行表情会发出相应的信号。信号通常包括：顾客突然不再发问；顾客话题集中在某一商品；顾客征求同伴意见；顾客提出成交条件；顾客不断点头；顾客关心售后服务问题。

总之，要准确把握住成交的最佳时机，要善于观察顾客的神态、表情，获取其中反映出来的信号，并加以分析利用。

促使顾客决定购买的方法有：

（1）将介绍的商品集中在3～5种。

（2）确定顾客所喜欢的商品。判断依据是顾客的视线焦点、顾客触摸商品的次数等。

（3）促进购买决心。可使用二选取一法、动作诉求法、感情诉求法等。

7. 办好成交手续

（1）表示谢意，给予顾客恰当的赞许、夸奖，增添达成交易带给双方的喜悦气氛。

（2）商品包装应安全牢固、整齐美观、便于携带、快捷妥当。

（3）收取货款，递交商品，送走顾客，要让顾客真正乘兴而来、满意而归，还将满怀希望再来。

（三）接待不同类型的顾客

不同类型顾客的特点及营业员的接待方法如表5－3所示。

表 5-3　不同类型顾客的特点及营业员的接待方法

顾客				营业员接待方法
类型	基本特点	次要特点	其他特点	
爱好辩论型	对营业员的话都持有异议	不相信营业员的话，力图从中寻找差错	谨慎、缓慢地做出决定	展示商品，使顾客确信商品是好的。介绍有关商品知识，交谈时宜用“对”“但是”等话语
“身上长刺”型	明显心情不好	稍遇一点惹人不愉快的事，即勃然大怒	其行为好像是故意的	避免争论，坚持基本事实，根据顾客需要展示商品
果断型	懂得自己要的是什么样的商品	确信自己的选择是正确的	对其他的见解不感兴趣，希望营业员的语言简洁一些	争取做成买卖，不要心急，自然地销售，机智、老练地插入一点见解
疑虑型	不相信营业员的话	不愿受人支配	要经过谨慎的考虑才能做出决定	用加工、制造厂商的商标做商品介绍的后盾，展示商品，让顾客察看、触摸商品
注意了解实际情况型	对有实际根据的信息很感兴趣，希望信息具体一些	对营业员介绍中的差错很警觉	注重查看商标	强调制造厂商的真实情况，主动提供详细信息
犹豫不决型	不自在、敏感	根据习惯购买商品	对自己的判断没有把握	对顾客友好，尊重他们，使他们感到舒服
易冲动型	会很快做出决定	急躁、无耐性	容易突然停止购买	迅速接近，避免过多的销售，避免讲话过多，注意关键点
优柔寡断型	很难自行做出决定	顾虑多，恐怕考虑不周出现差错	要营业员帮助做出决定，要求营业员当参谋，要求做出的决定是对的	了解顾客的需要和疑虑，实事求是地介绍有关商品或服务的优点和价值
四周环顾型	看看有什么新产品	不希望营业员说废话	可能大量购买	注意购买迹象，有礼貌地、热情地突出商店的服务
拖延购买型	往往要等到明天才能购买	对自己的判断缺少自信	感到没有把握	加固顾客的判断
沉默型	不愿交谈只愿思考	对信息好像不感兴趣，但是确实在注意听有关信息	好像满不在乎	直截了当询问，注视购买迹象
考虑周到型	需要与别人商量	寻求别人当参谋	对自己不确定，感到没有把握	通过与顾客一致的看法，引出自己的见解，与这些顾客接近

任务三 门店营业管理制度

案例导入

7-11的门店营业管理制度中一个重要的内容就是进货陈列管理，7-11为了在最短时间完成各项商品进货活动，有非常规范化、程序化的管理规定，同时通过细致的陈列规定防止出现取货、商品上架时的混乱。如，商品陈列管理规定，像糖果这类商品一般放在货架底部两端，其他商品依性质和重要程度放在货架底部的中间，食品摆放在货架的上部。

? 问题与思考

请评价7-11的门店进货陈列管理制度。

知识探究

一、营业员标准化操作规范

（一）岗位职责

（1）严格执行门店服务规范，做到仪容端正、仪表整洁、礼貌待客、诚实服务，严格遵守门店的各项规章制度，服从店长、店主安排。

（2）了解店内商品和商品包装上应有的标志及自己责任区内商品的基本知识，包括商品的名称、规格、用途、供应商、保质期限、消费使用方法和日常销量等。

（3）了解相关商业法规，熟识和执行卖场内的作业规范。

（4）掌握商品标价知识，能熟练使用标价机，正确打贴价格标签。

（5）注意查看商品有效期限，正确维护商品，防止过期、变质、破损商品上架销售。

（6）洞察顾客进场习惯和购买重心，了解商场的整体布局和商品陈列的基本方法和原则，并随时对责任区域内的陈列商品进行整理。

（7）随时掌握商品销售的动态，及时按规范要求完成取货和补货上架作业，并及时提出补货建议。

（8）有强烈的责任心，注意商品安全，努力防止商品损坏和失窃。

（9）了解卖场内主要设备的性能、使用要求与维护知识，能够排除一些小的故障。

（10）保持卖场、商品、货架、通道的卫生，保证门店的清洁度。

（11）卖场内的顾客接待、导购。

（二）作业要求

（1）理货时要将不同类别的商品归回原位，保持生动化陈列。

（2）进行加货作业时要遵循先进先出原则，发现临近保质期限的商品要立即告知店长，采取措施；发现过期、变质、破损的商品要立即撤下货架，并报备店长做相应处理。

（3）理货时要检查标价牌与实物是否一一对应，严格按照理货作业程序进行。

（4）对责任范围内的货架商品要认真管理，做好防窃、防损工作。

（5）营业员在理货过程中由于人为原因造成的商品破损，由个人承担损失。

（6）对顾客要做到热情服务，见到顾客要点头、微笑、打招呼。

（7）对顾客提出的问题不能解决，需及时移交给其他同事或告知店长或店主，并对相关问题做好记录。

（8）推荐商品时，要尊重顾客意愿，不能误导顾客，更不能死缠烂打。

二、收银员操作规范

（一）岗位职责

（1）严格遵守门店的各项规章制度，服从店长安排，正确迅速结账，做好对顾客的收银服务工作。

（2）监督店内商品安全，防止商品丢失、被盗。

（3）保证收银设备的清洁卫生及正常使用，学会日常维护及简单故障排除。

（二）作业要求

（1）收银员不得私自查看当班报表、门店录像资料、当班的销售金额。

（2）正确识别纸币，收银机操作熟练。

（3）收银员不得私自将当日销售货款移作他用，每天交班前或营业结束后，必须清除挂账单，交接班后，立即将销售额上交加盟店主或入库。

（4）收银员“三声”服务，使用礼貌用语：“您好，欢迎光临，共××元钱”“收您××元钱”“找您××元钱”。提醒顾客点清余款，若有错款或有顾客退换商品，须由店长或店主处理。

（5）防止高档贵重商品被调包，若有大单购物或顾客高峰，应增派营业员协助装袋，并加强卖场看场。

（6）在岗期间，收银员不得擅自离开收银台，如要离开，须向同事展示衣袋以消除嫌疑，下班交接也需如此。

（7）收银员不得无故错、漏改商品款项。

（8）收银员对账时如发现短款，如无法写出原因，对短款部分要进行赔偿。如收银员对账时长款超过5‰，要对其进行相应处罚；如收银员经常出现长短款现象，轻者调换工作岗位，重者予以辞退。

（9）收银员上岗时不允许在收银区域存放私人物品及现金，如发现作偷盗论处。

（10）收银员不能私自外出换零钱，换零钱需有人证明其准确性与合法性。

（11）收银员不得单独进行退货、小计、总清等操作，应有两人以上处理。

（12）交接班或营业结束时清机均需两人以上同时进行。

三、商品管理规范

（一）商品收货

（1）点清商品数量规格是否与货单一致。
（2）商品包装外观是否完整，质量是否符合要求。
（3）保质期限是否符合门店要求。
（4）弄清供应商名称，门店内是否有该供应商以前的退货。
（5）收货人签名并标注收货日期，付款员标注“已付款”或“未付款”。
（6）如有短货由送货人在单上划掉并签名确认方可生效，不可私自在单上涂改。
（7）如有退货须填写退货单，由供商签名确认。

（二）商品品质

（1）无假冒伪劣商品。
（2）无过期、变质、破损商品。
（3）无三无商品（无生产厂家、无生产日期、无商标）。

（三）陈列商品

（1）按单量库存要求陈列，畅销商品丰富。
（2）利用有效货架空间，商品整齐有序。
（3）醒目、有吸引力。
（4）干净无积尘，外包装或外形完整。
（5）易放易拿，标签对应，陈列整齐不混乱。
（6）堆头显眼、有量感、POP 广告牌醒目整洁。

（四）促销商品

（1）促销价格严格按照活动要求。
（2）用特价牌显示特价提示、活动时间。
（3）派发简报，告知顾客活动内容，打动顾客。
（4）赠品按促销要求发放，不得出售或挪用。

（五）商品库存

（1）目标库存量及单类商品适量。
（2）商品如已超过有效期限的 2/3，要及时处理。
（3）商品积压或商品严重缺货，责任人将受相关处罚。

（六）盘点

（1）盘点前的准备工作：抄盘点表（包括商品的品名、规格、单位、单价，有时须抄商品条形码)；仓库、货架的整理；盘点前员工岗位的安排。

(2) 盘点时清点数量务必准确，不可漏盘、错盘、多盘，在通常情况下由两人同时进行。

(3) 盘点后相互抽查，如有三处以上的数字错误，必须返工重盘。

(4) 盘点后盘点表由核算员和店长确认无误后，编号上交店主并一式两份备查。

(七) 商品信息

(1) 新商品信息索取（名片、样品、照片）。

(2) 定期对商圈的了解（竞争对手的动态以及目标顾客的消费变化）。

(3) 定期对业态的了解（本行业的发展变化以及流行商品的变化）。

(八) 商品报损

(1) 过期、变质、陈旧、破损等商品，一定要报损。

(2) 食品类的商品报损由店长或店主签名后门店自行处理（如面包、鸡蛋等）。

(3) 大众商品、日用品报损须经店长签名填单后报备店主。

(4) 商品报损须计算门店费用，店主可控制每月报损额度，超出额定范围应由相关责任人承担责任。

四、门店安全操作规章

(一) 消防安全

(1) 门店消防设施必须齐全。

(2) 卖场内平时应保持疏散通道的畅通，不准在疏散通道上堆放任何物品。

(3) 用电须遵守安全规定，不可用大功率电器。

(4) 应急灯必须可以正常使用。

(二) 门店安全

(1) 门店营业时必须保持有两人以上上班，必须严格遵守上班制度。

(2) 货架顶部不可放置较重的商品或物品。

(3) 商品、货架的摆放必须严格遵照规定，符合要求。

(4) 如果发现任何可疑人员，应密切注意，如有情况立即向公安机关汇报。

(5) 要严格遵守商品管理规范。

案例评析

7-11 的门店进货陈列管理制度可以使员工遵守制度化、书面化的流程，从而保证员工高效地完成工作任务。

任务四　门店日常运营流程

案例导入

7－11 制订了员工每天的工作计划表，店员的日常工作时间安排非常详细，通过这个计划表，能清楚知道什么时候应当做什么事情。在计划表中，横轴是以小时为单位划分的 24 小时时段，纵轴填写的是各名店员的名字。每个店员的工作时间计划用直方图的形式在表中表现出来，直方图的起点和终点分别表示工作的起始时间和结束时间，工作的内容填写在直方图的中央。

？问题与思考：

你如何看待 7－11 的工作时间安排表？

知识探究

一、每日开店作业内容

（一）门店作息时间

门店作息时间如表 5－4 所示。

表 5－4　　门店作息时间

夏季	08:00—21:30	日班时间（早班、午班）
	21:30—次日 08:00	夜班时间
冬季	08:00—21:00	日班时间（早班、午班）
	21:00—次日 08:00	夜班时间

（二）每日开店作业流程

每日开店作业流程如表 5－5 所示。

表 5－5　　每日开店作业流程

流程	时间
早会、夜班与早班交接、到岗	7:45
早班营业时间	8:00—14:30
早班与午班交接	14:15
午班营业时间	14:30—21:30（21:00）

续前表

流程	时间
午班与夜班交接	21:15（20:45）
准点关闭铁门打烊	21:30（21:00）
夜班营业时间	21:30（21:00）—次日 8:00

（三）每日开店前作业流程说明及执行要点

1. 到岗

（1）到岗定义：每班次人员提前 15 分钟进班到岗，处于准营业状态，私人事件一律在此之前完成。早班 7:45 到达各自岗位。

（2）到岗内容：早班与前日夜班货、款交接（相关人员填报表格）；清洁卫生、商品整理及其他检查事项。

2. 柜台人员

（1）清洁：各柜台相关责任区域的货架、灯箱广告位、装饰玻璃、商品摆放位、计量仪器、冷藏柜、咨询台、寄存柜、店内通道、天花板、柱墙、购物篮、推车以及顾客休息区域卫生。

（2）备货：所有商品补位、物料充填，检查各项商品是否归位、陈列妥当，保证商品正面朝外，件件明码标价，价签与之对应。

（3）检修：计量仪器、计算机、电话连线等。

（4）准备：打开空调系统、自动饮水机等服务设施的电源开关。

3. 收银员

（1）清洁：收银区域内收银机、打印机、显示器、扫描仪等卫生。

（2）检修：保证收银机、打印机、显示器、扫描仪等服务机器正常运转。

（3）准备：查备用金、找零金是否足够，检查前日保险柜或钱箱等有无异常；查前日各项报表是否填写无误，今日应传回或寄回公司的报表、资料准备情况；查备用票据是否够用；查当天营业购物袋、活动赠品等小件物品准备情况。

4. 早会

开店前 3～5 分钟，由门店店长主持早会，进行服装、仪容检查。

5. 服务用语练习

（1）顾客进入店铺时："您好！欢迎光临！"

（2）顾客入柜挑选时："您好！请问需要帮忙吗？"

（3）因为必要的操作规程让顾客等候时："真对不起，让您久等了！"

（4）顾客离开时："谢谢光临！请走好！"

（四）每日开店营业作业流程说明及执行要点

早班营业时间，当班责任人准时 8:00 开启大门及店内音响设备。

1. 店长

欢迎进店顾客；巡视各岗位情况（人员、货物摆放、价格、环境卫生等），督察整改；将总部发出的文件信息传达、落实到门店；收集相关柜组请货计划，及时报缺至配送中心

（各门店按不同时段安排与配送沟通）；商品到货后把关验收，退换货处理及相关计算机操作，严格按实际收货数量输入；及时向总部配送传递门店营业单据，当日工作当天处理完毕。

2. 柜台人员

在相应工作区域内正确导购，注意服务态度、专业用语及工作流程；看管货物，随时整理被顾客拿乱的商品，保证货位整洁、价签无误；及时与收银台交流购货情况，查询已销品种和数量，并按管理数量补充货物；注意门店内外干净整洁，保持行人通道上无水渍，以防跌倒；严防偷盗行为发生；做好柜台商品养护记录。

3. 收银员

按收银作业流程正确收银；及时更新、下载总部网络发送的数据信息，以保证网络通畅、交易金额正确；注意商品存货是否充足，随时记录上报门店店长；遇意外情况（收银机故障、停电），及时手工记录销售数据，恢复正常后，逐条输入收银机；在关闭计算机收银系统前做好当天日清处理。

4. 夜班人员

夜班人员在打烊前 15 分钟（若打烊时顾客较多，则推迟至打烊后 15 分钟）与柜台人员进行货品数量交接；与收银员进行备用金交接；准点 21:30（21:00）由夜班人员关闭营业大门；填写夜班值班表；营业区域内安全检查（注意有无顾客隐藏、滞留，水电关闭情况等）、清洁卫生，将垃圾打包丢弃至指定区域；打烊后 15 分钟内，收银员结账、填写报表，在规定时间内完成后离店；值班人员关闭包括员工通道的所有门庭，进入夜间值班室。

二、门店夜班管理制度

（一）作息时间

严格按门店作息时间操作，值班人员每违反一项，扣考核分 1 分。

（二）操作规程

夜班每班两人，建立夜班销售记录表，于当班前填写日期、值班责任人；每笔销售分列记录，内容详细，责任明确；采取一对一服务，一人记录，另一人负责核对，确保安全。

夜班不予退换商品及商品折扣，发票开具严格按规定程序操作。夜班不允许收银、不登记、不得任意涂改记录；因操作不慎必须更改，需注明原因并双人签名，以示负责。

夜班结束，双方核对记录，总核记录金额与现金金额是否一致，落款双方签名后与早班收银员交接。同时，按记录与柜台人员进行货品数量交接；确保账实相符，交接双方均签名认可后，夜班人员方可下班离开。

考核：值班人员违规任何一项，扣考核分 1 分。

（三）操作要求

（1）服务要求：值班人员认真热情对待每位顾客，起床应答迅速，时间不超过 2 分钟，以免顾客久等。值班人员休息时间应控制在24:00—7:00之间。夜班时间不能因私人电话或私人问题影响服务。

考核：值班人员违规任何一项，扣考核分1分；被顾客投诉者，做书面检讨并扣考核分3分。

(2) 业务要求：全面了解商品摆放位置，安全操作。遇缺货品种，准确推荐代用品，并做好缺货登记，留下顾客联系方式，上报经理。

考核：违规一项扣考核分2分。

（四）卫生要求

夏季每周更换一次床上用品，冬季每月更换一次床上用品。值班人员夜间加餐应注意卖场卫生，不污染工作台面，不带入售货区和存货区，并及时清理垃圾。

考核：违规一项扣考核分1分。

（五）其他要求

(1) 21:30（21:00）关闭店铺后排及卖场内照明，并开启前排店内24小时照明，7:45关闭。

(2) 17:30（18:30）开启24小时售货窗口及夜间导购灯箱，7:30（6:30）关闭。

(3) 外墙及招牌射灯夏季19:00、冬季17:30准时开启，22:00关闭。

考核：违规一项扣考核分1分。

案例评析

7-11详细的工作时间计划表可以让员工清晰地知道自己在一天中的不同时段应该具体做什么工作，这种制度化、书面化的流程使员工的管理更规范。

任务五　门店服务规范

案例导入

小王接到了一个顾客的电话，询问购物有关事宜，恰好店里无现货。小王回答道：“真对不起，这种××几天前全卖完了，我刚去库房确认了，估计要××月××日才能调回下一批，如果可以的话，请您留下您的姓名、详细地址和联系电话，一旦到货我们立刻联系您或为您送去，您看行吗？”

? 问题与思考：

你如何评价小王的做法？

知识探究

一、公司贯彻的重点事项

（一）服从命令原则

全体员工必须听从上一级主管部门的行动指示，不得在有顾客在场的情况下与上级发生争执。工作时间内针对同一人、同一事原则上口径一致，不得在门店卖场内与顾客或另外持不同意见的同事争执，以免扩大事态，影响公司声誉。现场发生状况或出现问题，若在本人权力范围内不能妥善解决，应及时向上级主管人员请示汇报，不得草率莽撞行事或越级呈报。

（二）顾客优先原则

必须具备“顾客优先”的服务理念。

（1）日常操作：上下楼梯、饮水、如厕、柜台接听电话、制表造册等事项均以顾客为优先考，不得因公务私事怠慢。

（2）决不允许与顾客发生争执、冲突，接受顾客投诉时必须放下手中的工作，安静认真听取顾客的意见和建议，等其陈述完毕，先向顾客致歉“真对不起，请稍候”，再行处理：进一步了解情况，澄清事实，自己能够圆满解决的则自行解决；自己职权范围内不能解决问题的则第一时间与上级主管人员联系，统一口径，争取妥善解决。若有商品质量问题，及时与总部质检联系，呈报详情，由采购或质检与供货方交涉，给予顾客满意答复。

（三）问候语与仪容仪表

1. 员工与顾客之间的问候语

要求：精神饱满、热情大方、态度真诚、亲切自然。一般问候：“欢迎光临!”“谢谢您的光临!”“请问需要帮忙吗?”“对不起，我帮您保管雨伞，好吗?谢谢!”“请稍候，我马上来帮您。”“请走这边（手势语引导）。”“真对不起，让您久等了。”“谢谢您，如果对服务不满意或有要求建议，请在总台（咨询台、休息区）留下您的意见，我们将妥善解决。”“再见，请走好!”

特殊场景练习：

提问：如果柜台暂缺品种，如何答复顾客?

要求：限时性强，对顾客有确实回复。

一般程序：耐心听取顾客陈述→去柜台、仓库确认→询问顾客能等多长时间，是否很着急、赶时间→与其他店联系，限时送货补充；去就近公司门店借货，限时补充；请顾客留下具体联系方式，到货后电话通知或送货上门。

2. 同事之间的问候语

要求：面带微笑，亲切自然。一般问候：“你好!”“早上好!”“辛苦你了。”“对不起，久等了。”同事之间要互相关怀，多为别人着想，严守作息时间，以免影响别人的休息和工作。

3. 电话接听礼仪

接听时：“您好！×××××店。”

询问时：“请问需要帮忙吗？”当对方询问的事无法回答时：“真对不起，我请××来听，请稍等。”或“等我查询后再回您电话，好吗？”

听清楚事情原委后：“好，是这样……”必要时复诵一遍，以确认无误。

电话接听结束要说：“谢谢您！”或“对不起，打扰您了！”“再见！”

接听电话要等对方挂断，再行挂断。如果接话人不在，接听人须代为留言，并注明来电姓名、电话、扼要事项等，做成记录，再转告或转达。在门店接听私人电话时应简洁扼要，不得高声喧哗或怪腔怪调，不得开有不良影响的玩笑，时间控制在3分钟以内。

4. 员工仪容仪表

公司应按VI方案为各门店配套统一制服，工作人员遵循公司制度着装细则具体执行。工号牌一律按要求佩戴，体现团队整体意识。工作时间略施淡妆，不留披肩发。双手干净，不留长指甲，不涂鲜艳色彩的指甲油。冬季穿黑色中跟皮鞋，夏季穿白色中跟皮鞋或皮凉鞋，不得穿着无后跟拖鞋在营业区域工作。接待顾客按基本站立姿势：脚跟并拢，脚尖打开呈45度，双手虎口交叉相握，自然垂于腹前，左手在外，右手在内；收腹，挺胸，双肩向后张，目光平视顾客，面带微笑。

二、门店服务守则

（1）忠于职守，遵守公司及门店的一切规章制度，服从各级主管人员的合理指挥，不得敷衍。

（2）各级主管人员对员工应亲切指导。

（3）关于职务的报告，均应循级而上，静候答复，不得越级呈报或有要挟行为。

（4）对内应认真工作，爱护公物，降低成本，提高工作效率；对外应保守业务或职务机密。

（5）严守“牌价销售”原则，遵守国家相关管理办法和物价政策，明码标价。

（6）严禁向顾客泄露公司商业机密以及有关公司或门店的私人问题、人事问题，严禁将销售资料或文件放置在柜台上，不得让顾客看到商品明细表、销售报表等公司机密资料。

（7）禁止利用职务之便偷窃或侵占公物，或营私舞弊，收受贿赂；严禁在柜台接受不明金钱物品馈赠或私用公款公物。

（8）未经批准，不得私带亲友进入柜台或仓库内。

（9）不得随意将有公司形象标志的包装纸、购物袋给不明之人。

（10）提醒顾客保存好购物凭证，禁止私藏或隐匿发票等。

（11）上岗态度端正，热情服务，禁止将私人情绪带入工作中。

三、门店柜台作业态度

（1）工作专心致志，营业时间内未经许可不得擅自脱岗、串岗。

（2）营业时间严禁闲聊、伏柜或做私事。

（3）无论何时、何地、何事，严禁向顾客发脾气或使用不礼貌语言。

（4）在柜台或后方作业时，严禁用餐、吃零食、抽烟、化妆以及剪指（趾）甲、挖耳朵和鼻孔、换衣服、抬肩抱胸等。

（5）严禁将私人物品带入营业操作区域。

（6）同事间相互帮助，相互尊重人格，协同合作。

（7）禁止在营业区域高声喧哗、玩笑嬉戏，不得捉弄、轻蔑同事，禁止做有损他人人格和公司名誉的事。

四、门店人员出勤管理

（一）出勤原则

（1）门店现场人员应于每班接班前 15 分钟到岗。

（2）由门店现场管理人员每日考勤，严格按到岗要求操作执行，不得以公徇私、人情管理。

（二）外出管理

（1）营业时间内无必要原因，员工一律不得脱岗外出。

（2）如有特殊原因必须外出，须经店长同意，并填写外出登记簿，在限定时间内执行，并完善交接班管理。

（三）交接班管理

1. 收银员

（1）清查现金、收据，与收银记录对照，确认账实相符。

（2）填写收银交班单，交接钥匙、备用金等公物；填写缴款单，将现金存入指定银行。

（3）若有特殊情况，将现金存放保险柜，实行密码保管。

（4）发票连号保管，按空白票号实行交接。

（5）其他事项书面或口头交接。

以上五项工作均完成后方可离岗，更换制服后下班。

2. 柜台人员

交班时段内，交班与接班人员均按货架管理数量清查责任区域内货品，交接柜台钥匙，并按程序填写交接班记录；当班未尽事宜，书面或口头交接，提醒立即执行；完成交接，双方签章后交班方可离岗，更换制服后下班。

3. 店长

每月5日前向总部办公室呈报人员编制及月份考核表，制订所属门店上月工资计划。每月20日前须排定下月的轮班、休假表，并于25日前公布，以便人员操作。排定后若有改动，可用有色笔注明于表上。每周按规定日期向总部配送呈报门店请货计划，在下货时间段安排相关人员予以配合签收。特殊请货通知及时与总部配送联系，在总部有货的情况下保证市内3小时送货上门。店长每日填写店长日记，将绩效及人员日常工作状况记录其中，并每日向总部业务副总汇报当天营业状况。店长安排实习人员进场工作时间及分工，于实习结束填报表格呈报总部。

（四）请休假管理

事假于休假前一天填妥请假单，并找妥职务代理人。急症病假及紧急事故可于当日以电话向上级主管部门请假，事后仍须补填请假单。特休假、年休假均按人事管理规章执行。一切请休假若未按公司规章申请办理，依人事管理规定处理。

（五）排班管理

1. 三班制

24小时营业时间将门店人员分切为三个时段上岗。门店营业时间以夏季08:00—次日08:00为例，早班：08:00—14:30，午班：14:30—21:30，夜班：21:30—次日08:00。两人一组责任柜台，执行早晚班，一周后再轮换。如果其中有一人请假或轮休，则由另一人代班，上全天班；由午班两名人员直接进夜班，轮流排定，但保证次日该人员上午休息，下午进班。营业员每月休假日由门店店长根据本店人员编制及营业情况调整，而店长是门店管理核心，因此不列入营业人员排班。每个门店管理以店长为主，休息日与门店柜长各轮换一日。

2. 跨班制（插班制）

跨班制是分割营业人员上班时间，营业员并不全天持续在门店中，而是中间有间隔，如以夏季08:00—次日08:00为例，跨班制人员工作时间可能是10:30—13:30/17:30—20:30，共6小时。可随营业时间人流量的变动或淡旺季销售状况做出精简、妥善、降低成本的人员调配安排。

五、门店商品管理

（一）收货

（1）所有商品依各门店经营内容，由公司配送中心按各门店请货计划配发；

（2）各门店按配货单收货，核对货品编号、品名、数量、单价等信息项，一一对应，准确无误；

（3）验收商品必须注重质量及外包装，按送货单核实各品种批号，并检查货品外包装完整性及标识准确性。

以上（2）、（3）项均符合相关要求，方可在货单上签名确认，收货完毕。

进货验收时限：一小时内确认商品数量；三日内确认商品质量（若质量原因必须退换，填写退货单据，严格履行退货手续）。

门店店长根据收货单情况，在电脑中确认由配送中心传递的配货信息，针对实收、退回等不同情况做出相应处理。以上各项出现差错，当事人扣考核分 1 分。

（二）销售

及时核查收银机流水销售记录。日（夜）交接班手工记录，卡数核对。

（三）商品上柜摆放

商品名称正面朝外；货物打码时不可盖住商品名、批准文号、批号、规格、商标以及商品的功能、注意事项等关键文字说明；打码面摆放朝外，打在统一位置，既美观又便于顾客阅读信息；推前补位法（商品摆放一律顶靠前排，售出及时推前补货）。

（四）损坏品处理

进货验收时发现已损坏的商品，整理妥善并装入塑料袋中，避免商品污染，并加注货品编号、品名、数量及损坏情况，填具退货单交由原送货车收回总部。门店销售过程中，出现损耗品，由门店各柜台相关责任区域责任人员承担损失。门店店长在电脑中根据现实原因做退货处理，该信息发送到配送中心，由配送中心根据实际情况报损或做其他处理。

（五）退货处理

商品由于某种原因必须退货时，应先打印或填具退货单，注明原因，严格按规定时间交由配送中心运回总部；退回的商品应依不同品名、不同产地分袋包装，在袋外应注明其货品编号、品名及数量。门店店长在电脑中根据现实原因做退货处理，该信息发送到配送中心，由配送中心根据实际情况报损或做其他处理。

（六）商品变价管理

变价、特价的权限在总部，各门店负责执行到位，价格以国家相关政策为依据上扬下调，原则上价格不可随意改动。

变价、特价的发生情况：促销特卖变价；商品售价按相关政策定期调整；同行竞争商机；成本变动。

变价、特价发生时间由总部以电话、网络发出通知单的形式告知，各店严格依照通知的具体时间实施。在实施之前，以 POP 广告告知消费者优惠信息。

（七）借货管理

特殊情况下门店双方借货应履行内部调拨手续，实现单据随货同行。由需货门店店长（店长授权人）填制内部调拨单，供货门店店长（店长授权人）复核发货，并在单据上签字，以示生效。生效单据首联交供货门店，由店长保存备查；第二联由需货方店长（柜长）于事件发生后 2 小时内递交配送中心，核算人员依据该单内容制出相关单据，该调拨单由核算人员保存备查；第三联由需货门店提货并随货同行，交门店店长保存备查。

配送中心于收到内部调拨单第二联后24小时内，将制好的销售单据正确传递：交供货门店退货单，交需货门店收货单。交手时门店店长复核单据内容与内部调拨单发生数据是否一致，并将单据内容如实录入电脑，配送人员与门店店长（柜长）双方签字确认。单据一联交由门店店长保存，其余由配送人员带回交财务两联，业务一联，核算一联。内部调拨单据与依据调拨内容录制的销售单据同期保管，三方保存，财务定期监毁。

六、门店商品整理

（一）目的

随时随地整理营业场地的商品，可加深员工对商品的熟悉和对销售情况的掌握，使商品陈列整洁合理，利于吸引顾客，唤起冲动消费；也利于先进先出的有效期管理。

（二）范围

（1）保持商品正面朝外、件件有价，价签与之对应。

（2）检查商品的编码与价格是否有误，有误则及时修正。

（3）检查商品的有效期，近期应摆放在前面；有效期将至的商品填写有效期警报表，及时做出售出或退货处理。

（4）控制商品存货，及时添补商品，严防断货，每周填写两次常规补货单，并及时填写紧急补货单。

（5）对责任区内的商品销售情况应了如指掌，为公司和门店经理在制订销售计划时提供可靠性依据。

（6）对滞销或两个月内不动销的商品，定期（每月）汇报门店经理。

（7）随时随地在卖场中整理销售时顾客拿乱的商品，使其归位。

（三）门店服务质量管理

1. 售前准备

（1）提前15分钟到岗，统一着装，佩戴工牌，仪表端庄，精神饱满；

（2）站姿正确，接待顾客；

（3）到岗后主动做好营业准备工作，如查补商品、校正衡器、备足零钱、清洁卫生等。

2. 售中要求

用普通话交流，主动热情，面容和善，举止文明，用语礼貌，严禁使用服务忌语。尽力做好“接一顾二招呼三”。

收银找款应唱收唱找，银货两讫，交代清楚。打印电脑小票应与找款一并交与顾客，凭电脑小票开具发票后收回留存备查。发票写明品名、规格、数量、金额，连号专人管理。交易结束应与顾客道别，感谢其惠顾，语气亲切自然。

3. 售后服务

做好商品退换工作，既要符合程序又要使顾客满意；既要对公司负责不影响第二次销售又要顾及顾客利益。

4. 服务纪律

严格执行法定价格政策，货真价实，明码标价，商品陈列清洁对位。妥善解决供需方矛盾，认真及时处理顾客投诉，维护消费者合法权益。

（四）服务规范

不迟到、早退和擅自脱岗，有事应先请假，准假后方可执行。营业时间严禁闲聊、打闹、阅读私人书刊和私人会客。严禁与顾客顶嘴吵架。营业时间在工作区域禁干私事、吃零食、吸烟等。不以结账、点货、制表等内部工作为由怠慢顾客。严禁私自动用商品或挪用公款。对顾客遗漏物品应保管好，及时联系顾客归还。玩忽职守、假公济私和泄露公司或门店商业机密为渎职行为。

七、门店盘点管理

（一）时间

1. 月盘

每月进行一次，由财务安排日期，提前 3 天通知门店做好盘点前准备。可采取抽盘或全盘两种形式。具体时间为选定日期的营业结束前 1 小时（全盘可依据店铺大小酌情加时）。

2. 年盘

每年底进行一次，由财务排定时间，提前 1 个月时间将时间表交业务，由业务传达至门店，先期做好准备。具体时间为选定日期的午班（停业半天，全面盘存）。盘存在规定时间内完成，保证高质高效，差错自行负责。

（二）准备

盘点前日由门店向总部汇报准备情况，书面陈述店面区域责任人、分工及需配合工作。门店应提前一天告知顾客盘点事宜。商品应分类集中整理、摆放，做到每种商品在门店中出现一个货位。门店应在盘点前半日做好门店电脑内的票据处理，盘点过程中应停止一切调拨和销售行为，包括配送中心与门店之间、门店与门店之间的调拨。

总部配送中心核算人员应在门店盘点前半日做好该门店发生的调拨与销售的票据处理。员工在盘存时应认真谨慎，确保盘点数量准确。

（三）方法

实盘人依据一定盘点程序，每层货架从上到下、由左到右或按盘点表依序进行，避免错盘、漏盘和重盘现象。认真核对商品的编码、名称、规格、单价，记录清晰准确。如遇盘点表上没有的商品，应及时手工记录，内容包括：商品的编码、品名、规格、厂家、金额、数量等项目，必须清楚完整。实盘结束后，盘点区域做交叉复盘，操作如前，仔细复核。二次盘点若有差异的商品，实盘的两人再次清点核实。

公司总部不定期派人监盘。盘点结束后，盘点人依照顺序整理好盘点表，并在表格落款处签全名确认。次日，由门店店长与财务核算人员共同核对数量后，将盘点结果送至公司，三天内核实情况，做出盈亏报表和处理意见。

（四）责任分摊

1. 物品丢失

例如，特许门店当班次发生商品丢失，整体责任以损耗品零售价格的100%予以赔偿：

（1）当班责任柜负责人：75%；

（2）当班邻柜负责人：10%；

（3）当班收银员：10%；

（4）当班店长：5%。

盘点后发现商品丢失，具体时间不明确，整体责任以损耗品零售价格的100%予以赔偿：

（1）当班责任柜负责人：70%；

（2）当班邻柜责任人：10%；

（3）当班收银员：10%；

（4）当班店长：10%。

2. 损耗

门店收货验收时，发现有破损商品，由配送承担成本损失；验收时意外损坏，由当事人承担成本损失；商品签收上柜后，若由于顾客意外损坏，如顾客对该事件表示主动承担损失，则由当班责任柜负责人与顾客协商解决；若损坏后未能及时发现，则由当班责任柜负责人按零售价格的100%承担损失。

资料链接

自测题

完成以下几道自测题，将你的想法和答案进行比较，思考一下有没有能改进的地方。当然答案不是完美的，它的作用仅是提供一个借鉴和思路。

1. 你认为员工仪表与着装应注意哪些要点？

统一穿着工作服装，保持清洁。鞋袜清洁、舒适、无异味，工作时不宜穿走动时声响过大的鞋子。头发保持清洁，长发者工作时要束发。加强面部日常护理，女员工工作时化淡妆，忌浓妆。口腔保持清新、无异味，工作前不吃有刺激性气味的食物。工作前和工作中不吸烟、喝酒。

2. 采取轮流值日制度，每天由一人专门负责卫生清洁工作好不好？

轮流值日制度是不提倡的。应采用集体协作，这一方面更有利于团队的凝聚，另一方面也有利于让每个人每一天都保持良好的卫生意识。

3. 如果有一位员工负责清洁的项目做得不够好，店长该怎么办？

尽可能避免批评该员工，而是真诚地指出他的问题，并且发动大家鼓励该员工弥补、改正。当该员工下一次的工作达到要求的时候，要当着其他员工的面大声地肯定他的工作。

4. 店长对一天工作进行简评时要注意什么导向？

注意以鼓励为主要导向。在开班后会的时候，可以对当天工作表现优秀的员工进行表扬；尽量避免在会上直接批评当天犯了错误的员工。

5. 下班时为什么要做自我确认？

在一天的工作中，员工很有可能遇到一些不顺心的事情，下班时的自我确认可以帮助员工消除负面情绪，使员工以良好的心态迎接下一个工作日。

6. 如有员工因故未完成工作计划，店长该怎么办？

如果原因合理，应首先表示理解并敦促该员工完成，必要条件下也可以为该员工提供适当的帮助。如果原因不合理，应善意委婉地指出，并且敦促他不要再出现类似的情况。

7. 若下班时间已到，可还有个别顾客的服务没有完成，店长该怎么办？

若对该顾客的服务很快就可以完成，店长可以先和其他员工就当日工作进行沟通，稍微延迟下班时间，等还在为顾客服务的员工完成工作以后大家一起下班。如果对该顾客的服务还需要很长时间，店长可以带领其他员工先开简短的班后会。这种情况下可以省略某几个流程，可以在对其他员工完成工作简评后，安排其他员工集体肃立几分钟，在心中默想自我确认的内容，然后直接宣布下班。不管是否需要延迟下班时间，都要注意声响不要过大，要始终保证顾客能够不受干扰地享受完服务。

案例评析

小王的对话很得体得当。顾客是企业的衣食父母，作为店员，遇到顾客的咨询，一定要表现出热情、专业和耐心，因为客户的满意度决定着他们的回头率，从而影响企业利润水平的高低。

项目小结

本项目主要介绍了单店管理门店操作员具体规范、门店销售人员商品推介的各种技巧，以及门店营业管理制度、门店日常运营流程、门店服务规范。

实操题

绘制门店日常营运流程图。

项目六 特许经营单店员工管理

问题引入

单店是特许经营体系的有机构成部分，每一位员工就是这个有机体的分子。如何有效地制定门店员工工作制度、规范店长的操作、规范员工的行为仪表和财务制度是摆在加盟店面前的重要任务。那么，如何完成这些任务呢？

任务导读

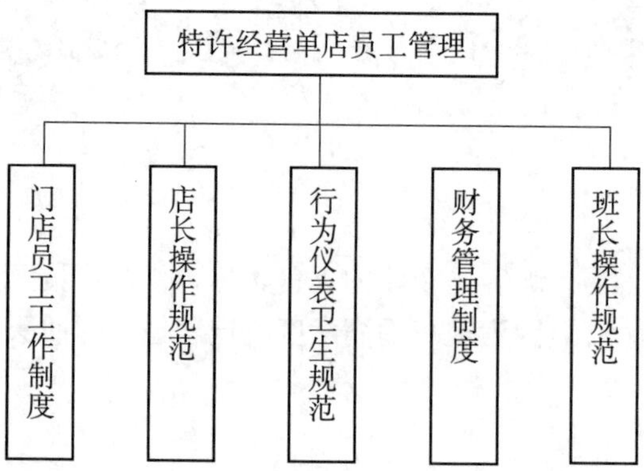

学习目标

知识目标：学会制定门店员工工作制度。

能力目标：掌握店长操作规范、行为仪表卫生规范、财务管理制度和班长操作规范。

任务一　门店员工工作制度

案例导入

吉野家对员工的要求非常严格，最初对每个岗位的工作职责都进行了细化和标准化规定，但是后来出现了每个岗位的员工“各人自扫门前雪，哪管他人瓦上霜”的局面，工作效率反而降低了。吉野家意识到这个为了标准而标准的错误，于是便打破各个岗位职责的限制，推行无边界组织的企业文化，推崇团队精神，以共同提高工作效率和顾客满意度为最终目标。

资料来源：朱明侠，王晓民，牛志敏．特许经营案例研究．北京：中国人民大学出版社，2013.

？问题与思考

吉野家的员工工作制度是怎样的？体现了怎样的经营智慧？

知识探究

为增强员工对门店的责任感，调动员工的积极性，保持和提升门店的知名度、美誉度及良好的社会形象，应制定以下制度。

一、奖励

有以下表现之一者，将受到口头表扬、书面表扬以至物质奖励：

(1) 能完成门店布置的任务，在员工中做出模范作用，成绩显著的。
(2) 有改进门店经营管理意识，以书面形式提出合理建议被采纳的。
(3) 群策群力，努力改善门店经营状况，取得明显成效的。
(4) 采取有效措施，防范事故发生，使门店人、财、物免受损失的。
(5) 坚持原则，敢于检举、揭发任何不良行为的。
(6) 敢于同内部、外部偷窃行为做斗争，维护门店利益的。
(7) 服务态度好、经济效益高，受到消费者称赞以至表彰的。
(8) 不计较个人得失，积极主动参与门店运作，为门店创造效益的。

以上奖励由店长书面申请交给管理部审批生效。

二、处罚

有下列现象之一者，对员工处以口头警告、罚款、降级、降薪、撤职、留用察看以至辞退：

（1）上班时间仪容不整（见仪容规范），不穿工作服、不带工作证上岗的，第一次口头警告，第二次罚款××元，第三次罚款××元并扣考核分10分。

（2）上班时间嬉戏打闹、吃零食、吸烟、看书报、聚众闲坐，接听私人电话超过三分钟的，一次罚××元，三次扣考核分10分。

（3）在仓库以及有安全隐患的地方吸烟的，罚款×××元并扣考核分10分。

（4）在门店赌博的，参与者每人罚款×××元，店长罚款×××元。

（5）违反行为规范，服务态度差，刁难顾客，与顾客争吵而被投诉，经调查属实的，罚款××元，情节严重加倍处罚。

（6）商品、货架有积尘、污渍，地板、玻璃不干净，灯管、天花板、墙壁、风扇有蛛网、积尘的，责任人罚款××元，连续三次扣考核分10分。

（7）商品陈列混乱，陈列量严重不足或因工作失误而导致商品缺货或商品积压的，责任人罚款××元，连续两次扣考核分10分。

（8）未定期检查商品，出售过期、变质、三无、包装破损商品的，每次罚款××元，两次以上扣考核分10分。

（9）任何以谋取私利为目的，损害门店利益的行为均以盗窃论处，包括：代售私人物品、偷窃、内外勾结、挪用公司物品、收银不入机或少入机、未经同意出售促销品。以上行为要依据程度进行罚款。盗窃三次及以上的或金额超过500元的以盗窃罪论处，直接交由公安机关处理。公司保留对其的追索权。

（10）泄露门店商业秘密，提供数据资料，对门店造成损失的，罚款并辞退，情节严重者追究法律责任。

（11）违反质量、价格、安全、卫生等规定，受到上级有关部门点名批评或处罚的，门店所有责任人共同承担处罚责任，罚金由店长承担50%，班长及助理承担25%，其余25%由员工平均分担。

（12）未经主管同意私自向供应商进货的，给予口头警告，货款自行负责。

（13）未经店长同意在店内非营业场所留宿或逗留的，罚款惩罚。

（14）上班时间私自离开工作岗位，未向同事知会或及时向上级汇报的，罚款惩罚，造成的损失由当事人全额赔偿。

（15）员工上班迟到、早退5～30分钟的扣半天工资；30分钟以上作旷工处理，扣两天工资。连续三次扣考核分10分。私下调班、串岗按旷工论处。

（16）因交接班不清楚对门店造成的任何损失，均由责任人共同承担，造成不良影响的要加倍处罚。

（17）注意言行，保持良好的工作素质及个人修养，维护公司良好形象，不可与社会不良人员来往，违者作辞退处理，违法者送公安机关。

（18）工作失误（如价格打错）造成损失者，赔偿损失，第一次警告，第二次罚××元，第三次罚×××元并扣考核分10分。

（19）任何员工不可私自接受任何顾客任何形式的馈赠、供应商提供的赠品，应统一登记管理，如有违反者，第一次罚款×××元，两次以上扣考核分10分。

（20）所有员工需正确使用和保养场内设备及财产，节约水电等资源。如因使用不当而造成损坏的，需按价赔偿。

（21）不遵守公司的规章制度，不配合公司工作，不服从公司人员管理，受到公司公开批评的，责任人罚款×××元。

（22）员工考核分在90分以上享受全额绩效、65分以下没有绩效奖、60分以下降级、50分以下降职、40分以下留用察看、30分以下辞退。

案例评析

吉野家打破员工的岗位职责限制，推崇团队精神，以共同提高工作效率和顾客满意度为最终目标，这样员工都以顾客为先，主动双向沟通，打破障碍，不分阶级和你我，体现一种团结合作的企业文化。

任务二　店长操作规范

案例导入

曹某做了某加盟门店的店长，虽然他和员工做了很多努力，包括做营销和增加员工，门店的业绩却不见起色。后来，曹店长参加了总部的培训，学到很多实用技巧。回到门店后，曹店长从提高加工间工作效率入手，采用新的薪酬管理办法，改变了车间“吃大锅饭，人浮于事”的局面，从而提高了员工积极性，工作效率提高很快。

？问题与思考：

店长对于一个加盟店的作用是什么？

知识探究

一、店长的定义

店长是门店的最高领导，是门店的代表者和经营者、公司制度执行者，同时也是员工的代言人和管理者，是员工福利的申请者、员工心声的传达者，所以店长之责重于泰山。

二、店长的工作职责

（一）对人的管理

（1）合理安排员工工作、休息，有随时调动员工工作岗位和时间的权力。

（2）关心员工生活，安排好员工正常的饮食起居，运用公司的各项制度对门店各级员工进行管理。

（3）熟悉每位员工的个性，关心员工状态，及时与员工沟通，调整员工情绪，激励员工斗志，对员工的工作进行指导、培训，提高员工的工作能力与服务水平。

（4）调解员工之间的纠纷，解决员工之间的矛盾。

（5）施行人事考核，评定员工考核分，申请总部对员工的奖励和处罚（升级、升职、奖励、表彰和降级、降职、降薪等）。

（6）建立顾客档案，熟悉商圈的顾客结构，及时、正确、有效地处理顾客投诉及意见、建议。

（7）建立供应商档案，与各供应商保持良好的合作关系，正确处理与供应商之间的矛盾或争议。

（二）对商品的管理

（1）合理分配员工对各个货架及大类商品的管理，及时补货，保持货架整齐、丰富、商品结构合理。

（2）适时引进新商品，淘汰滞销商品。

（3）及时有序地处理商品退货、变价、报损。

（4）贯彻执行商品管理制度，注意防损、防盗。

（5）对报货进行管理、过滤、跟进、最终确认。

（6）管理销售，开展促销活动，评估效果。

（三）对财务的管理

（1）检查、监督财务人员的日常工作。如核算员入账是否准确、及时等。

（2）安排好店内的现金管理，合理使用备用金。

（3）检查、分析销售报表，上交各种款项及单据。

（4）贯彻执行收银制度，对收银员进行培训、监督及日常工作管理。

（5）检查收银台录像带及门店防损。

（6）缴纳水电、房租、工商税务及各项费用，办理及保管相关证件。

（四）对财产、设备及门店卫生的管理

（1）登记门店财产，管理好公司财产。

（2）进行设备的日常维护和保养，强调员工安全作业，确保每个环节没有安全隐患。

（3）合理安排员工做好日常卫生，确保门店及非营业场所的干净整齐、井然有序。

（五）对信息的管理

（1）认定目标顾客（根据目标顾客进行商品管理）。
（2）熟悉门店所属的商圈。
（3）管理有关商品信息。
（4）了解竞争对手。
（5）了解与预测业态变化、发展。
（6）分析对比商品销售日报表、商品销售排行表、促销效果表及竞争对手的销售状况，作为门店和公司的决策依据。

三、店长作业要求

（1）店长须根据门店的实际情况做好员工及自己的出勤计划。
（2）店长的出勤及作息计划须交管理部审批，并由店内员工和班长监督实施。
（3）店长有事外出，不能按时作息，要上报主管或督导批准。
（4）店长是门店所有问题的直接责任人，店长的一切行为须保证门店的正常运作，保证突发事件的顺利处理及重大事故的防范。
（5）店长须以身作则，贯彻执行门店的各项制度，完成门店的各项指标。
（6）及时处理门店问题，并将处理意见以书面形式上交。
（7）店长有责任和义务加强与其他门店的配合与协作。
（8）店长应确保公司或门店在任何时段都能与之保持联络。
（9）门店有难题，店长须及时报备相关领导，以便迅速做出处理。
（10）店长须牢记公司理念，并将“以人为本”和“人性化管理”运用到工作中去。

案例评析

一个门店的业绩与地域位置、服务和营销能力有关，而一个优秀的店长可以让门店更优秀。店长是一个店面的灵魂、是领头羊，店长的工作能力及领导能力，直接影响门店的业绩。

任务三　行为仪表卫生规范

案例导入

7-11规定门店每天的具体清扫内容包括地板、门口、停车场、灯、厕所、招牌、柜台、垃圾箱、店内设备等，而且对于清扫所使用的工具、洗涤品、方式以及顺序都规定得非常详细。例如，规定店内地面的清扫必须先用拖把拖，再用抹布和清洗上光机清理，清扫的时间在任务计划表上标明。

？问题与思考：

店面卫生规范对一个加盟店的重要性是什么？

知识探究

一、员工行为规范

（1）不准偷盗店内财物。
（2）上班不抽烟、喝酒、吃零食。
（3）上班不脱岗、串岗、睡觉。
（4）上班不打架骂人、说笑打闹。
（5）上班不乱蹲、乱坐、衣冠不整。
（6）不怠慢顾客、与顾客争吵。
（7）上班不倚靠，不手插衣袋、脚踏货架，不趴、伏、坐于柜台。
（8）上班不带包进卖场。
（9）不无理取闹，不顶撞领导，服从安排。
（10）上班不接打私人电话、会客（特殊情况需经当班责任人同意）。

二、员工仪表规范

（一）头发、首饰

（1）头发干净，梳理整齐。
（2）男士不留长发、不留鬓角，女士不披散头发，长发应扎整齐。
（3）不留怪异发型和染发（黑色除外）。
（4）女士头饰简单素雅。
（5）上班时间不佩戴夸张的首饰和有迷信色彩的饰品。

（二）面部

（1）面部整洁，男士不留胡子，女士不文眉。
（2）上班时间女士应化淡妆，不得浓妆艳抹。
（3）面部、颈部出汗时应随时擦干净，不得满头大汗地服务顾客。

（三）口腔

（1）每天应刷牙漱口，口气重的员工应勤漱口，上班前不得吃葱、蒜等异味重的食物。

（2）上班前不得喝酒。

（四）手

（1）应经常洗手。
（2）不得留长指甲。
（3）女士不得涂艳色指甲油。
（4）除订婚戒指或结婚戒指外，不许佩戴其他饰物。

（五）服饰

（1）衣服常换洗，不得有异味。
（2）衣服干净整洁，不得穿着脏衣服为顾客服务。
（3）上班需穿工作服，工牌佩戴整齐。
（4）上班时间不得穿短裤、超短裙、拖鞋，女士穿高跟鞋者，鞋跟不高过5厘米。

三、门店卫生规范

（1）店面整洁干净、明亮、布局合理、气氛和谐。
（2）货架、柜台和商品干净整洁，无积尘、蜘蛛网，按规定陈列。
（3）玻璃柜台、玻璃隔板等应每天清洁，不得有污迹、手印。
（4）购物筐摆放整齐、清洗干净，不得带有水渍、污迹，并且定期消毒。
（5）风扇、日光灯座无积尘、蜘蛛网，定期清洁。
（6）门口干净、整洁，无烟头、杂物、垃圾，废弃纸摆放整齐，垃圾桶定期清洗，地毯无积尘、口香糖、杂物等。
（7）门店玻璃幕墙无污迹、手印等，定期清洗。
（8）店内各种设施、设备完好，功能正常。
（9）扶梯功能正常并定期清洗干净。
（10）消防设备完好，能正常使用。

四、营业员标准化操作规范

（1）严格执行门店服务规范，做到仪容端正、仪表整洁、礼貌待客、诚实服务，严格遵守门店的各项规章制度，服从店长安排。

（2）熟识店内商品和商品包装上应有的标志，以及自己责任区内商品的基本知识，包括商品的名称、规格、用途、供应商、保质期限、消费使用方法和日常销量等。

（3）了解有关商业法规，熟悉卖场内的作业规范。

（4）掌握商品标价知识，能熟练使用标价机，正确打贴价格标签。

（5）注意查看商品有效期限，正确维护商品，防止过期、变质、破损商品上架销售。

（6）了解商场的整体布局和商品陈列的基本方法及原则，随时对责任区域内的陈列商品进行整理。

(7) 随时掌握商品销售的动态，及时按规范要求完成取货和补货上架作业并及时提出补货建议。

(8) 要有强烈的责任心，注意商品安全，努力防止商品损坏和失窃。

(9) 了解卖场内主要设备的性能、使用要求与维护知识，能够排除一些小的故障。

(10) 负责卖场、卖场商品、货架、通道的卫生，保证门店的清洁度。

(11) 负责卖场内的顾客接待、导购（商品推介）。

案例评析

7-11 便利店在世界诸多国家和地区拥有超过 7 万家店铺，这么大的发展规模正是得益于标准化、细致化的管理规范。

任务四 财务管理制度

案例导入

马兰拉面对加盟店有一套严格的管理体系，对各店的统计报表、配送清单和成本核算都要定期汇总，运用 ERP 管理系统，及时了解各个单店的销售相关信息和原料消耗情况，对各门店及时补货，使其原材料库存维持在合理状态，并通过各项反馈数据的汇总分析随时掌握市场动态。

？问题与思考：

财务管理对加盟店的重要性是什么？

知识探究

一、建立财务管理制度

（一）库存现金管理

(1) 公司财务部库存现金控制在核定限额内，不得超限额存放现金。

(2) 严格执行现金盘点制度，做到日清日结，保证现金的安全。现金遇有短款，应及时查明原因，报告单位领导，并追究责任者的责任。

(3) 不准用“白条”入账。

(4) 不准私人挪用、占用和借用公款现金。

(5) 到公司以外金融机构提取或送存现金（限额 1 万元以上）时，需由两名人员乘坐公司汽车前往。

（6）现金出纳员必须严格和妥善保管金库密码和钥匙。

（7）现金出纳员要妥善保管金库内存放的现金和有价证券；私人财物不得存放入内。

（8）现金出纳员必须随时接受开户银行和本单位领导的检查监督。

（9）出纳员必须严格遵守执行上述各条规定。

（二）银行存款管理

（1）公司必须遵守中国人民银行的规定，办理银行基本账户和辅助账户的开户和公司各种银行结算业务。

（2）公司必须认真贯彻执行《中国人民银行法》《中华人民共和国票据法》等相关的结算管理制度。

（3）作废的银行支票由出纳员加盖作废戳记，妥善保存。

（4）银行结算方式根据公司实际情况采取如下几种方式：支票（现金支票、转账支票）、银行汇票、电汇、信汇、银行承兑汇票、委托收款（仅限于水费、电费、电话费结算），除上述结算方式外，其他不予使用。

（5）从银行取回的各种结算凭证，要及时入账。

（6）公司应按每个银行开户账号建立一本银行存款明细账，出纳员应及时将公司银行存款明细账与银行对账单逐笔进行核对。于每季度末做出银行核对余额调节明细表。

（7）银行出纳员对银行调节明细表所记载的账项必须及时查明原因，对出现的差错通知责任人进行更正，对未达账项要及时予以清理。造成的账账不一致，应尽快解决。

（8）空白银行支票与预留印鉴必须实行分管。由出纳员逐笔登记，记录所签发支票的用途、使用单位、金额、支票号码等。

（三）往来账款的管理

1. 应收账款的管理

公司各销售部门根据形成收入的确定标准及时开具发票后，由财务部做好账务处理，编制会计记账凭证，登记有关收入和与客户应收账款往来的会计账簿，同时要定期与销售部门进行核对，保证双方账账核对一致。

2. 其他应收款的管理

公司各部门形成的出差借款、采购借款应于业务发生后及时报销，每年 12 月中旬进行清理。各部门备用金于每年 12 月中旬清理，进行还旧借新。

3. 应付账款的管理

公司各部门因采购形成的应付票据应及时进行账务处理，登记相应的账簿，定期与相关部门对账，保证双方账账核对一致。

二、内部牵制

（1）公司实行银行支票与银行预留印鉴分管制度。

（2）非出纳人员不能办理现金、银行收付业务。

（3）库存现金和有价证券每季抽查一次。

（4）现金出纳员不得担当制单工作，只能由财务部指定的制单人制单。

三、规范门店财务管理制度

(1) 门店人员只有在执行非职责范围内的事务时，经相关主管批准后，方可报销相关费用。

(2) 门店任何员工未经许可，不能私自向供应商进货。

(3) 门店员工违纪罚款需在3日内上交财务部，逾期未交者收取滞纳金10%/天。

(4) 门店核算员负责相关账务管理，现金管理由公司财务部指派专人负责，相关人员应严格遵守相关操作规范。

(5) 门店盘点库存数与核算数据相差不可超过0.2%。

(6) 门店非营业性收入（如促销费、堆头费、门口位地租、公用电话费等）均须填写收入证明，由店长及当班人员签名，连同现金上交公司财务部，禁止擅自挪用，更不可据为己有或与门店费用抵消。

(7) 门店所有费用支出由店长开具证明，部门主管确认及总经理审批签字后方可生效。各门店的费用当中，有指标数的超出部分由店长承担50%、班长25%、当班收银员15%、员工10%，并从当月的工资中扣除。

(8) 门店所有到货之后的货单，由收货人签名，核算员标上零售价并及时入账。马上付款的单据应由付款人签名，标注日期及“已付款”字样。收货人与付款人不得为同一个人。

(9) 门店由专人保管账、单据、通知、文件、档案等，若有丢失，责任人罚款××元，店长罚款××元，责任人和店长各扣考核分10分，造成的损失由责任人赔偿。

(10) 门店单据3天上交一次，不得无故拖延，门店营业额须在次日下午3:00之前存到指定银行账户；否则，每次扣考核分10分。

(11) 门店须有“商品出入登记本”，核算员须按相关内容完整填写，进货须用蓝色，营业额须用黑色，移库（移出）、退货、报损须用红色，违规一次罚款××元。

(12) 相关人员须严格按门店单据操作相关制度执行。

案例评析

一个加盟店的业绩与财务工作息息相关，门店管理必须以财务管理为中心，财务管理是基础，是内部管理的中枢，是一种价值管理，渗透和贯穿于企业一切经济活动之中。

任务五　班长操作规范

案例导入

小王是某加盟店的班长，员工反映店长的当班安排有不合理的地方，于是小王找到店长一起讨论，考虑各个员工的实际情况重新安排当班时间。

? 问题与思考：

小王作为班长的职责是什么？

知识探究

一、班长的定义

班长是店长的助理，是当班店内事务的直接责任人，是未来店长的候选人，是沟通领导与员工的桥梁，是所有员工的榜样和模范，是协调领导和员工的润滑剂。

二、班长的职责

（1）协助店长，在店长的安排下，做好当班的人、财、物、信息的管理。
（2）合理安排当班的人员，有效使用公司资源，完成当班任务。
（3）制订员工培训计划，并将培训结果反馈店长。
（4）在门店的经营过程中，有权给店长提出合理的意见、建议。
（5）对当班所发生的任何事情负直接责任。
（6）与顾客及供应商接洽和沟通，活跃卖场气氛。
（7）监督店长的工作。

三、班长作业要求

（1）配合店长，做好当班各项工作，保证门店正常运作。

（2）服从店长安排，如对店长的安排有意见应私下与店长沟通，或寻求其他正当途径解决，不可搬弄是非、拉帮结派。

（3）配合店长以身作则，贯彻落实各项制度。

（4）及时处理顾客投诉，上下班须交接清楚，在当班过程中如有不能解决的问题，应及时报备店长。

（5）不断学习，不断进步。

案例评析

班长是沟通店长与员工的桥梁，主要职责包括：（1）协助店长，在店长的安排下，做好当班的人、财、物、信息的管理；（2）合理安排当班的人员，有效使用公司资源，完成当班任务；（3）制订员工培训计划，并将培训结果反馈店长；（4）在门店的经营过程中，有权给店长提出合理的意见、建议；（5）对当班所发生的任何事情负直接责任；（6）与顾客及供应商接洽和沟通，活跃卖场气氛；（7）监督店长的工作。

项目小结

本项目主要介绍了门店员工工作制度、店长操作规范、行为仪表卫生规范、财务管理制度和班长操作规范。

实操题

制定门店员工工作制度。

项目七 特许经营单店人力资源管理

问题引入

人力资源管理是特许经营单店管理中最重要和最难的环节，因为它直接涉及和员工打交道，包括设计门店的组织结构及岗位职责、员工的招募、员工的培训以及员工的绩效考核机制等内容。那么，应如何做好特许经营单店人力资源管理呢?

任务导读

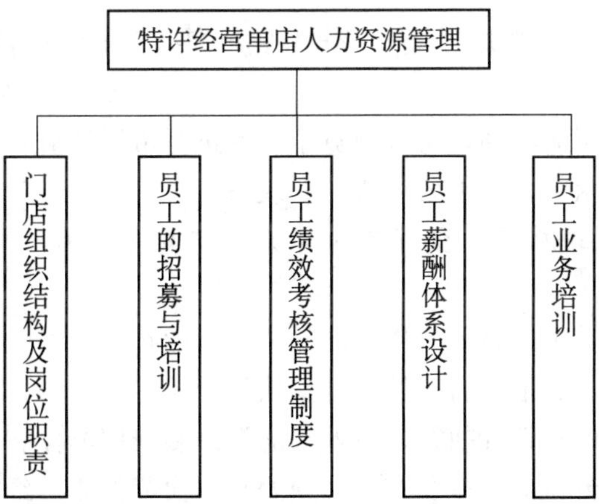

学习目标

知识目标：学会门店组织结构以及岗位职责设计。

能力目标：能够掌握员工的招募与培训、员工绩效考核管理制度设计、员工薪酬体系设计以及员工业务培训。

任务一　门店组织结构及岗位职责

知识探究

本部分内容以北京东方名剪美容美发连锁有限公司为例。

一、店长的职责

店长是门店的最高管理者，其工作内容类似于交响乐团的总指挥，既要按照乐谱正确指挥，又要协调各种乐器的演奏。店长是门店的灵魂，其对店内的经营管理质量的好坏直接影响整个门店的赢利水平。因此，店长要协调和激励全体员工做好店内营业工作，赋予门店生命力，以团队精神塑造门店特色，不断提高门店的经营业绩。

店长的主要职责是：

（1）传达公司精神，鼓舞员工士气，作为公司和员工的沟通桥梁，为企业树立形象，为员工提供帮助。

（2）保持与各管理层的沟通，每月对竞争对手进行市场调查，不断向更高管理层提供意见和建议，并很好地执行公司的各项规定和政策。

（3）具备较强的管理水平、良好的人际关系与沟通能力，领导本店员工完成日常工作。

（4）负责整个店内员工的日常工作，随时关注营业状况，科学调配人力资源。负责门店的人事调动、纪律处分、下属晋升等制度的执行。

（5）负责营业计划的制订和执行、营业额的汇总和费用的控制。

（6）严于律己，吃苦在前，享受在后，处处起到模范作用。经常与本店员工谈心，掌握其思想动态，关心员工生活，充分调动员工工作积极性。

（7）协调店内各部门之间、本店与特许经营总部之间及与外部社会资源之间的关系。

（8）负责并带头执行公司规定，对员工进行相关知识与技能的培训。

二、技术总监的职责

（1）各级技术服务人员的招聘和把关。对于一个特许经营的美发门店而言，发型师至关重要，决定了门店是否具有竞争力，因此招聘必须十分谨慎并制定严格的考核制度。可制定如技术扎实、责任心强、善于沟通等考核标准。

（2）中工的培训。中工队伍是一支不容忽视的力量，有能力的技术总监要善于培育门店的中工队伍并促进其不断成长和更新。

（3）调节发型师和中工的心态，关心他们的生活及思想状况，解除他们的后顾之忧。

（4）对发型师进行定期考核。可以通过顾客问卷调查或追踪其顾客回头率等，不但考核其技术是否过硬，还要考察其责任心、沟通能力等方面。

（5）不断推陈出新，培训各级服务人员的专业技能及其他能力，促进员工自身不断吸取最新的资讯，以保持门店的竞争力，为门店创造更大的价值。

三、运营主管的职责

发挥“以礼待人，以客为尊”的服务精神，提供卓越的顾客服务，并竭力为门店争取最佳营业额，协助店长培训及管理服务人员。

（一）店铺运作

（1）协助店长监察全店服务工作，确保其正常运营。

（2）负责开门营业前的准备和关门歇业后的检查，监督收银程序，提醒收银人员及时到银行保存现金。

（3）维持设备、产品、工具、店内设施的整齐清洁。

（4）协助服务人员做好对每一位顾客的服务工作。

（5）协助店长处理各种工作文件。

（6）保持店面及工作台面的整齐清洁。

（7）协助商品陈列和物品清点工作。

（8）协助培训及管理服务人员。

（9）负责店内背景音乐的播放。

（10）接受店长的工作分配。

（11）留意顾客对公司服务的反馈意见，并及时记录以便向上级反映。

（二）货品管理

（1）协助店长保持店内整洁有序。

（2）依据公司布局及产品陈列要求，正确陈列货品（包括洗发用品、理发工具箱、储物柜、杂志、模特等）。

（3）监管业务人员的整个服务流程，并确保准确无误。

（4）留意市场趋势，分析顾客反应，并将有关意见向店长反映。

（5）整理及补充货架上的货品；整理货仓存货，预备补货资料。

（6）依据公司摆场规则要求，正确陈列货品。

（7）对店面陈列架上的商品每天进行清点和整理，记录并补充当天销售状况。

（8）了解各类产品的存货，发现有产品紧缺要通知采购部及时购买。

（三）顾客服务

（1）以专业的态度为顾客提供优良的服务。

（2）协助店长监督店内员工的服务态度。

(3) 在职权范围内协助处理顾客投诉及顾客的合理要求。

(四) 人事管理

(1) 带头执行公司规定的各种仪表仪容方面的要求。
(2) 向店长建议合理的人员配备及班次的调整，并负责执行。
(3) 协助执行仪表标准及制服标准。
(4) 协助培训员工产品知识、销售技巧及其他有关工作知识。
(5) 辅助店长的其他各项工作，并主动提出改善方法。

四、服务人员的职责

(一) 店铺运作

(1) 保持工作台面、座椅及工作用品的清洁卫生。
(2) 协助做好用品及产品的陈列工作。
(3) 保管好公司货品及财物。
(4) 遵守仪容仪表标准及制服标准。
(5) 如发现货场内需维修应立即知会上级。
(6) 接受上级合理工作分配。
(7) 留意顾客对公司及个人服务的意见，并向上级反映。
(8) 上岗时应着装整洁，热情接待客人，并注意礼节及礼貌用语。
(9) 因事离岗要征得主管同意。

(二) 货品管理

(1) 整理及补充货架上的货品。
(2) 协助处理来货、退货，确保无误。
(3) 整理货仓存货，预备补货资料。
(4) 检查店铺内货品的质量，确保无误。

(三) 顾客服务

(1) 站立标准，微笑服务，为顾客做好迎宾和领位工作。
(2) 询问顾客需求，为顾客做好存放衣物和倒水、泡茶等事前服务工作。
(3) 了解顾客需求，按顾客要求安排其在店内的一切服务消费。
(4) 以专业的态度和专业的手法服务顾客。
(5) 和顾客进行适当的沟通，了解顾客需求，满足顾客的合理要求。

五、接待员的职责

(1) 协助值班经理做好现场接待工作，合理利用现有员工资源，确保高效率、高标准的服务。

（2）认真、细致地做好登记核算工作，顾客记录须正确无误，严禁弄虚作假。

（3）收银台工作较忙时注意观察，严防逃单、漏单。

六、财务部岗位的职责

（一）会计的职责

（1）认真贯彻执行国家的各项财经方针政策以及公司制定的各项规章制度。

（2）组织和管理会计核算，及时给公司主管提供准确的经济、会计信息，并对会计处理的各项经济事项的真实性、完整性、准确性负责。

（3）熟练掌握公司各项费用的开支标准、管理规定，严格遵守财经纪律和财会职业道德，秉公办事，坚持原则，认真进行原始凭证、营业报表、工资核算、记账凭证等复核工作，切实加强公司的财务管理。

（4）每月及时到主管税务局办理纳税申报，购买使用的税务发票，处理好财务部的外部联系的事务。

（5）负责财务工作。根据上级主管部门的要求，完整、准确、及时地编制会计报表，根据公司要求，编报内部各部门的营业情况、结算金额、费用明细，做好会计事项的查询服务工作。

（6）仓库商品实行月末实盘制，报损、报废的库存商品按规定报批，及时处理，做到账物相符。

（7）按照会计电算化的要求，对会计电脑操作人员上岗前进行考核，以保证系统软件的安全使用及高效运行。

（8）指导会计部日常工作，组织会计部人员进行业务学习、培训以及经验交流，负责会计部的岗位设置、职责监督、考评等工作。

（9）对会计档案定期整理立卷装订成册，编制会计档案保管清册，保证会计档案完整、准确、系统。

（10）会计档案不得借出，如有特殊需要，需经领导批准后，负责提供查阅、复制，并办理登记手续。查阅、复制会计档案人员，严禁在会计档案上涂画、拆封和抽换。

（11）当年形成的会计档案，在会计年度终了后，暂由财务处保管一年，期满后，负责移交院档案室。交接时，应按照会计档案移交清册所列内容逐项交接，并由档案室负责人和财务处负责人负责监交，交接完毕后，交接双方经办人、监交人在会计档案移交清册上签名或盖章。

（12）对上级安排的各项工作应积极主动、认真负责地完成，同时妥善处理好内部与外部的各种关系。

（二）出纳的职责

（1）遵纪守法，遵守职业道德，热情待人，忠于职守。

（2）严格执行国家现金管理制度的有关规定，遵守银行核定的现金库存限额，严禁挪用现金和以“白条”抵充库存，严禁未经审核人员审核擅自付款。

（3）根据已审核同意报销凭证，认真做好现金收付工作，唱收唱付，同时在原始凭证上加盖现金、收讫戳记。

（4）每日将营业款存入银行并为前台服务兑好零币。

（5）每日备用金提取原则上控制在 1 万元以内，如某部门现金日需用量超过 5 000 元，则须提前一天通知，并附该部门用款申请单，经财务处负责人批准后，增加现金提取量。

（6）每日正确编制现金记账凭证，核对现金库存余额，做到现金日清月结，保证账账相符、账实相符；如发现长短款，须立即向会计科负责人汇报，及时复查更正。

（7）每日核对前台的营业报表及电脑录入情况。

（8）按时核对员工的提成及工资发放表，以便及时发放工资。

（9）负责购买支票及各类银行结算凭证，妥善保管现金、转账支票及保险柜钥匙，做好保险柜密码的保密与使用工作，以防盗窃。

（三）收银员的职责

（1）上岗前先检查电脑是否正常运行，核对相关数据无误后上岗；收银过程应当快速准确，要唱收唱付。

（2）使用优惠券、打折券、免单券的顾客及业务单据上金额有差额的，必须由店长或相关领导签字方可操作。

（3）每天下午要为晚班准备好营业用的零币。

（4）营业结束后先清点营业款，然后会同值班管理人员将营业款投入保险箱，再认真完成各项报表。

（5）每日现金、刷卡收入必须与消费人数及账单相符，切实执行“长缴短补”的财务制度；现金收取时对钞票必须验明真伪，若有假钞收入责任自负。

（6）严禁逃单、漏单及做假账、私吞营业款。

七、行政人事部岗位的职责

（一）行政职责

对公司的行政事务进行日常的管理，如根据各部门制订的各项计划拟订年度行政计划、各界参观人员的安排与接待、各种日常耗材的采购事项。

（二）人事管理

对公司的所有工作人员建立员工档案，对员工的招聘、考核、入职及离职手续的办理、员工工资的制定、工资奖金的发放进行管理。

（三）后勤管理

对员工及外来人员的食宿进行管理，对公司环境卫生、公司车辆进行管理，对店面的维修、维护，对库房的商品进行日常管理。

八、客服部岗位的职责

（一）处理投诉

经营中发生顾客投诉，服务人员要热情接待，并立即上报公司专门处理投诉的管理人员，管理人员应认真了解投诉内容，确定责任。若确为技术质量或服务质量问题，应立即向顾客表示歉意，并考虑顾客心理妥善处理；若是由于顾客自身处理不当造成的问题，需耐心向顾客说明解释，要注意和顾客沟通，顾及顾客的感受。

资料链接

处理异议技巧

1. 不断观察顾客的反应；
2. 不懂时应与商场或厂方取得联系；
3. 保持积极态度，不能表现出一副不屑的样子；
4. 不要与顾客争辩；
5. 找出顾客误解和反对的真正原因。

（二）销售贵宾卡

为形成自己的稳定的消费群，同时为答谢忠诚于本店的顾客，加盟商应安排客服部门根据公司贵宾卡管理内容向顾客销售贵宾卡。加盟店必须严格执行贵宾卡优惠折扣价格，不得拒绝售卡或擅自增大优惠折扣。

（三）管理客户档案

来店内消费的每一位客户都是公司的财富和资源，公司应妥善保管客户的个人资料，尽可能地为每一位客户建立个人档案，以便公司及时掌握每一位客人的消费特点、消费习惯及消费时间。对于经常来店内消费的客人可以给予一定的打折或赠送消费；对于很久没有光顾的客人可以打电话问候，咨询其不来店的原因或提醒其来店消费。服务人员要多与顾客交流沟通，了解顾客对本店的意见及要求，为以后的服务和经营提供参考，并将相关信息反馈公司，以便公司更合理、更全面周到地为客户服务。

对于经常来店消费的客人还可以为其提供贵宾卡的低价位服务，贵宾卡是留住客人在店内长期消费的一种销售方式，这种销售方式可以为公司培养忠诚的客户。

将贵宾卡客户所填写的个人资料存档保管，并与客户保持联系沟通，有新的特色服务时在第一时间通知客户，或有促销活动时可提前通知客户，使贵宾卡客户成为自己稳定的消费群。

任务二　员工的招募与培训

知识探究

一、员工的招募

（一）招募员工的基本步骤

对大部分加盟者来说，第一步可能会雇用一个或多个员工。招募员工的基本步骤如下：

（1）如果你没有很好地理解需要什么样的人，就很难雇到合适的人。这要从评估的员工数量、员工的类别和员工的可能工资开始。还要仔细考虑你是否需要雇全日制员工、是否只需要雇零工。一般情况下，雇用零工更有灵活性，而且更经济。特许人和现有的加盟者在这方面对你具有很大的帮助作用，尤其在你的业务网刚刚开始的时候，可向他们求助。

（2）一旦你明确了你对员工需求情况，那么就要为每位员工的工作做一个描述。这个工作描述要清楚地表述各项具体责任、任务。工作描述是很重要的，因为它是你确定各个工作岗位的必备条件，也将使员工明白他们需要做什么，并且能避免他们对工作的误解。它可以向申请人提供具体信息，如果不便把具体的工资数额写上去，可以写明工资范围。可以把对岗位申请人的具体经验要求写上去，这种信息会使申请人权衡这个岗位是否理想、自己是否符合要求。

（3）决定怎样挑选适合这个工作岗位的人选。一旦你做出了工作描述，你就需要做一个工作岗位的战略，目标是为这个工作岗位找到最适合的人。

（4）招聘员工的渠道有多个：做广告，与当地人才市场联系，在公共场合如学校、图书馆和其他有关的地方贴招工启事，也可以口头宣传。现有的员工、员工的提供者和其他加盟者以及家人和朋友，不仅是员工的好来源，而且往往比较经济。

不管你从哪里找员工，你都需要以某种广告的形式，或贴传单的形式把岗位的要求列出来。这个广告应该很清楚，并详细描述了岗位对申请人的要求，否则面试不称职的申请人要花很多的时间和精力。

（5）一旦你已经决定了要为这个岗位雇员，你需要考虑如何评价申请人，这经常要先从查阅个人简历开始，这个过程适用于评估任何一个申请人，这包括对比筛选。为了便于对比，最好在收到一批申请人的材料之后再开始工作。

要记住，只凭简历不能看出某人是否适合某个岗位，因为简历提供的信息常常不能全面反映实际情况，所以不要犯只凭简历来决定申请人的错误，这会使你漏选更好的申请人。

决定雇员，首先要面试，最好是正式面试，面试的效果常常与你看简历的效果不大一样，因此，最好多面试几个申请人。面试要事先做计划，以正式的方式进行，有目的地从候选人那里多了解一些符合岗位需求的信息。

问卷调查会使你更好地了解候选人，评价他们是否符合岗位的特殊要求，并保证你对每个候选人都使用同样的程序。但关键是要问那些保证候选人大部分都能答出来的问题，避免问那些答案显而易见的问题。如："我们只雇用那些乐意与客户联系的人，你喜欢与客户交往吗?"岗位不同，你可以考虑增加一些其他不同的方式来评估每个申请人，包括安排第二次或更多次由现有的员工参加的面试。也有很多关于人品、性格方面的测试方法，这可以对每位申请人进行更进一步的了解，这一般要花钱请外面的人力资源专家来做。

不管你是否采用这些增加的选择方式，不查看申请人的参考资料就不能决定雇谁，问卷调查可以作为参考资料的基础，所以要确保申请人提供有关的参考资料。面试者也必须就申请人是否符合条件给出自己的意见。

（6）一旦你已经决定雇用某些人，就要确保他们收到含有工作名称和工作条件的通知，这必须是书面通知，而且包括关于该岗位的所有重要信息，如：薪资、福利、开始日期、工作内容。必要时还要规定出试用期和试用期的工资。

（7）招募员工还应了解以下内容：

1）欲向公司求职的申请人，应该向公司的人力资源部申请，同时递交简历。

2）申请人经考试或面试合格和审查批准后，由人事部门办理试用手续。原则上员工有一定的试用期，期满合格后，方可正式录用；成绩优秀者，可适当缩短其试用时间。

3）被录用员工在办理录用手续前应该提供相应的证明书和有关文件，并通过健康检查。

4）凡是在公司连续工作满 12 个月的员工，都可以申请新的工作机会，并且应该避免内部用不正当手段获取职位。

5）劳动合同期限一般为一年，合同期满前 30 天，人力资源部将致函于员工所在部门，由部门经理与员工商讨续签事宜。

6）在双方同意的情况下办理劳动合同续签手续，若有一方不同意续签合同，须在合同期满前 30 天以书面的形式通知对方，否则以相应天数的工资作为补偿。

（二）面试和招聘技巧

被特许人在招聘员工的时候，并不是谁来应聘就会雇谁，而是要招聘最好的人才。如果被特许人的店声誉很好，是个理想的工作场所，就能吸引好的候选人。其结果是能够提供更好的客户服务，减少员工流失，减少招聘新员工和培训新员工的费用，企业利润会更大。

1. 被特许人应注意的问题

现在多数特许人在运营手册和培训计划中包括了这部分内容。手册中通常有以下信息：

（1）对职位的描述和员工的责任；

(2) 如何预期被特许人的管理和对员工的要求（这些要求根据被特许人的规模、地点、行业状况不同而有所不同）；

(3) 被特许人要寻找什么样的候选人；

(4) 空缺岗位的特点和优势；

(5) 招聘的工具——小册子、信件、店内的告示、其他；

(6) 招聘对象；

(7) 招聘的技巧和战略安排；

(8) 面试的准备；

(9) 面试的问题和技巧；

(10) 电话招聘的技巧；

(11) 对雇员的评价；

(12) 申请表和其他雇用工具；

(13) 参考表格；

(14) 建议的工资和奖金计划；

(15) 人力资源书面工作。

被特许人在进行面试的时候，要记住自己不仅代表该企业这个品牌，而且是在进行一个重要的投资决策。如果候选人成为自己的员工，被特许人希望这个人理解公司的使命和自己的责任。甚至当一名候选人不能加入被特许人团队，他还可以从一个知情人的角度谈论被特许人的运作，因此会影响其他人——潜在的员工和潜在的顾客。

招聘、培训、激励以及维系员工需花费时间和金钱，哪一项被特许人都不能够忽视。被特许人需要选择最适合的候选人，随随便便往岗位上塞人会将被特许人的投资置于险境。每一个员工都会影响顾客对被特许人的看法，影响他们是否会再来购买或将被特许人的服务推荐给其他顾客。组建合适的员工团队需要时间和金钱，但他们也会认真地对待被特许人的投资。要想把这项任务完成，被特许人必须选用正确的工具。如果运营手册中有职务申请表，被特许人可以复印一些。在被特许人同候选人见面之前，先研究一下这些表格，把重点放在员工信息、离职原因、薪金状况、曾任职位以及相关信息上。这样，被特许人就有时间证实这些信息，在第一次面试时，只是接受他们的回答就可以了，并以此作为再次提问的依据。

有些人喜欢举行两轮面试，这可能是个好主意，需要根据工作的性质和人才市场的供求状况而定。但是，被特许人要记住，计时工资、初级水平的工人可能今天在为你工作，明天他们可能在为你的竞争对手工作。如果被特许人举办两轮面试，那么第一轮面试就成了筛选。第二轮面试——决定招聘与否的面试——就可以包括这个职位所要求的任务，决定候选人是否能在轮班、合适的时间等方面符合被特许人的要求。在现在的劳动力市场上，对初级水平、计时工资的工人只进行一轮面试是被特许人的最佳选择。当被特许人选定了合格的候选人之后，在录用之前，最好先查看一下他在工作方面的有关情况。这种工作技能以外的背景查看能够发掘其他信息：这个候选人是否认真负责、是否正直、是否骄傲自大、是否追求完美。显然，有些人要被排除掉。但是，被特许人可以把他们的申请表保留一年，将来可能有工作适合他们。

被特许人无论做任何事情都代表着特许体系的品牌，不要因为候选人不适合被特许人的要求就“树敌”太多，可能他们的朋友需要找工作，而且更符合你的要求；他们现在的同事可能符合你的要求；他们可能喜爱你的产品或服务，并且会告诉家人和朋友。所以，在面试中，被特许人也代表着企业的品牌。

2. 面试提问应注意的问题

通过面试可从候选人中发掘出人才，这个过程很具有挑战性。现在许多找工作的人都进行了很好的包装，包括接受一些机构的培训或者看相关的书。被特许人的任务是根据这个空缺的岗位问适当的问题，在面试的时候控制局面。被特许人可以找特许人公司的人力资源部门帮忙做这些事情。

在面试过程中，被特许人所有的问题都必须与工作紧密相关，按问题的重要性依次进行提问。在面试中，不要问法律禁止的问题。被特许人如果不知道自己是否已经越轨，可以向律师、当地工会组织或者律师事务所进行咨询。特许人一般也会在运营手册中列明什么可以做、什么不可以做。面试中的提问有封闭性和开放性两种类型。

封闭性问题是指那些可以用“是”或者“不是”来回答的问题。被特许人用它和事实性陈述一起来收集信息，这类问题提供了有关技能和经历的信息。例如：“你在原来的公司做到较高职位了吗?”“你高中毕业了吗?”“你有驾驶执照吗?”

开放性问题是指不能仅仅用一个“是”或者“不是”来回答的问题。面试的原则之一是尽可能地问开放性问题。被特许人应鼓励候选人多说，从而建立互相交流的基础。在面试中提问开放性问题比提问封闭性问题要生动得多。开放性问题常用的提问词有：“为什么”“谁”“哪里”“怎样”“通过什么方式”“描述一下”“告诉我有关情况”等。

开放性问题涉及的面更广，能鼓励候选人表达自己的观点、目标、价值观，以及感觉。例如：“你想告诉我哪方面的内容呢?”“你在上一个工作中最喜欢做的是什么?”“良好的客户服务的特点是什么?”通常，候选人会告诉被特许人有关他们的家庭情况以及兴趣爱好，这些信息往往与他们的兴奋点和动机有关系，比如他们更喜欢坐办公室还是出去跑销售。这些信息能使被特许人对候选人的人际交往的技能、优缺点、是否愿意加入团队有所了解。

以下是一些开放性问题的例子：“你在上一个职位中最喜欢什么?”“跟我讲一下你在上一个工作中学到的技能。”“你的前任上司怎么评价你?”“你的同事怎么评价你?”“描述一下使你最有干劲的工作环境。”“请做一个自我介绍。”“你希望做这项工作能够得到什么样的回报?”“从现在开始的一年里你想做点什么?”“如果一个同事上班迟到了，应该采取什么措施?”“如果你看到一个同事从收款机里拿钱或者从商店里偷东西你会怎样做?”这些问题为面试打开了对话之门。如果候选人告诉被特许人他在前一个工作中什么也没学到，或者他的上司总是抱怨他迟到，被特许人就应该进一步让候选人明白作为团队中的一员来工作究竟意味着什么；如果候选人说小偷小摸无所谓，被特许人还能信任他吗？透过问答的表面，深入发掘信息，直到被特许人了解了候选人究竟是谁、确定他是否适合自己的团队为止。

资料链接

面试员工的技巧

● 总是做到职业化。 ● 自然和亲切。 ● 灵活。 ● 认识到每一个候选人都是独特的。 ● 不用强迫自己照本宣科。 ● 必要的时候说一些有鼓动性的话。 ● 问一些计划以外的问题不仅可以使你了解候选人的更多信息，还可以使候选人知道你对他感兴趣。 ● 知道你自己的身体语言会起到很大的作用。 ● 问候候选人，用握手和微笑开始面试。 ● 在面试过程中多用目光接触，但是不要盯着候选人看。 ● 体现你对候选人的尊敬和感兴趣。 ● 保持放松，但你的姿势要反映出你在集中注意力。 ● 不要使用不适当的手势。 ● 解释这次面试的目的。 ● 解释这次面试的程序。 ● 全面地关注候选人。 ● 使会见尽可能私人化。 ● 在面试的时候不要扯到其他的业务上去，这样你会失去重要的信息，而且会使候选人感觉你并不是很感兴趣。	● 在提问下一个问题之前仔细听候选人在说什么。 ● 面试中 3/4 的时间你应该在听。 ● 肯定候选人所说的话，可用语言和手势表达。 ● 如果你做记录，要让候选人知道——通过你的语言和手势——你还在听。 ● 不要带有偏见和个人的价值观念。 ● 支持对方。 ● 不要用你的行为和言辞使候选人感到受到了威胁。 ● 尊敬竞争对手。 ● 如果有一个问题使候选人感到尴尬，那就换一个问题或者重新组织该问题。 ● 谨慎行事。 ● 候选人想知道你是否负责以及被雇用后能从你那里得到什么。 ● 做到公平，这不是一个权力游戏。 ● 不要把自己的快乐建立在候选人的痛苦之上。 ● 意识到你的反应有可能是错误的。 ● 从面试中获取信息。 ● 不要因为岗位缺人就随随便便找一个人，要找一个真正适合的人。

3. 筛选候选人

经营一个企业就像是在舞台上演出一样，被特许人就是舞台的管理者。他可以控制环境，为面试设定基调。在一个安静的、没有干扰的地方开始面试，被特许人的目标是同候选人进行交流，以获得信息进行决策。被特许人要时刻关注并尊重候选人，多说“我们”，少说“我”，要让候选人感到如果他加入团队，那么也就包括他。要让他感到他即将加入一个宽容、关心他们的团队和组织。

复核申请表，看候选人何时能够开始工作，看看这是否符合自己的要求。看一下候选人的要求——职位、轮班、是兼职还是全职、报酬、升迁的机会，尤其是候选人关于报酬和工作时间的要求是否符合自己的要求，不符合的话，他可能不会从事这项工作；即使勉强从事，也会闷闷不乐。通常，同时在上学或参加培训、有兼职工作、有小孩需要照顾等都会影响到候选人来工作。问一下他能不能来以便于安排轮班或兼职，这可以减少被特许人的工资支出。

评价候选人的外表、态度、性格、对工作的渴望程度，看一下候选人的潜力：他的教育背景如何？他做过的工作是否表明他的责任感在增强？他的语言表达能力如何？被特许人要寻找解决这些问题的答案来决定继续还是终止面试。

4. 解释工作要求

找工作的人急于取悦被特许人，他们认为被特许人想听什么就说什么。如果被特许人先提问，就能避免让他们得到答案。被特许人把想问的问完之后，就可以将有关工作的必要信息披露出来，让候选人自己决定是否选择这份工作。被特许人应为候选人提供一个全面的工作描述，包括职责、轮班、工资、福利、培训及其他。让候选人知道被特许人的政策和期望、在着装方面的要求及工作时间要求，如怎样轮班、销售旺季是否可以休假等。候选人也会问问题，对此被特许人要回答。和被特许人一样，候选人也要进行重要的决策，想了解所有相关的信息。允许候选人提问题，可能会涉及被特许人原来都没有考虑过的东西。确保候选人了解了一切信息，被特许人就减少了由于他们的误解和不切实际的期望所带来的风险。

5. 寻找适合的员工

寻找员工要投入时间和努力，思维要有创造性，而且通常要花一些钱。在供给不足的劳动力市场上，被特许人必须多方尝试，看怎样做才起作用。特许人应告诉被特许人需要多少员工、何时需要他们上岗。运营和培训手册应该对各个工作岗位有清楚的描述。特许人还通常告知被特许人应该招收怎样的员工、不应招收怎样的员工。被特许人要确保自己在招聘材料中所使用的语言符合法律规定。例如，不要有涉及年龄歧视和性别歧视的字眼。

被特许人应随时注意能成为潜在员工的人。例如，有一位培训主管在买东西的时候，发现一位售货员以高超的服务技巧正在为顾客提供服务。他毫不犹豫地向这位售货员递上了他的名片，他认为，任何技巧都可以培训，但为顾客服务的心是培训不出来的。再如，快乐的员工是被特许人最好的推销员，他们乐于推荐一些朋友来应聘，尤其当受到鼓励的时候。因此很多被特许人对乐于推荐的员工给予奖赏。

被特许人也可以在自己的店面发布招聘信息，让顾客成为最好的广告员。还有的公司使用户外广告牌、卡片、职业介绍所，以及包装袋发布招聘信息。也有的在社区组织、中学、大学中发布招聘信息。在媒体上的分类广告是最常用的招聘工具。特许人应提供统一的招聘广告的样本，因为这类广告需要体现职业化和高效率。除了报纸、互联网外，还可以在学校的出版物、老年人活动中心、商业杂志、医院和其他行业的内部刊物等发布招聘广告。被特许人也可请职业介绍所和专职招聘人员帮助招聘，还可自办招聘会，或者参与当地政府部门举办的招聘会。

6. 招聘的主要渠道

（1）学校和学院的办公室；

（2）员工推荐；

（3）报纸广告；

（4）张贴招聘广告；

（5）在职人员寻找兼职的广告；

（6）学生寻找兼职的广告；

（7）日常交谈；

（8）邻近的商店和零售商；

（9）现有的职务申请表；

(10) 职业学校和商业学校；
(11) 社区机构；
(12) 职业介绍所。

二、员工的培训

管理员工的一个重要内容是对其进行充分的培训。这将确保他们了解自己的工作任务、工作标准和工作程序。另外，确保员工适当了解你的产品和你的企业为他们提供哪些服务也是很重要的。适当的培训会使受训者成为符合企业要求的员工，这更便于你对他们的管理。当考虑企业培训方面的工作时，记住尽管特许人可能提供某种形式的员工培训，但最终培训还是由你负责，这样你可以仔细地评估所需要的培训项目，这些项目包括：专门政策、特许经营程序、生产知识、基本技能，如销售技巧和计算机操作知识等。

培训是多种形式的，可以在国内培训，也可以在国外培训；可以在课堂上讲解制度和政策，也可以是非正式的岗上讲解或者面对面讲解。如果你的培训项目是具有特殊性的，那么你也可以考虑把员工送到外地去培训。当你的培训涉及技术更新的时候，这种送出去的方法格外有用。找最合适的人执行培训也是很重要的，有多种选择，除了你自己，可以是特许人、现有的员工和员工的提供者。一般来说，培训方式的选择取决于要传递什么样的信息和最好的传递者是谁。

要记住培训永远不会停止，所以，要把你的培训计划设计成一个连续性的，而且是面向全体员工的，而不只是面向那些刚被雇来的人。这样就可以保证所有的员工经过适当的培训都能不断进步。另外，连续性的培训可以给你提供一个能听到员工反馈意见的好机会。

招聘到员工后就应对他们进行培训，培训对员工来说是非常重要的。培训内容分为职业培训和企业文化培训。被特许人的员工需要明白他们在做什么工作，还需要知道企业的文化，尤其是客户服务方面的理念，这是业务的精髓之所在。

在被特许人的特许经营店开业之前，特许人必须提供操作培训，以便员工能够迅速进入角色。日后，继续培训也可以在被特许人的店里进行，被特许人可能要交纳一定费用。有些特许人还通过卫星转播或者互联网进行培训。如果被特许人经营的网点很多，被特许人甚至可以自己建立培训部。为了保证一致性，培训部里的人应当经过特许人的督导员测试。

通过特许人的培训，被特许人有丰富的培训内容可以传授给员工，而且特许人已经教给被特许人如何进行传授。如果特许人重视培训，那么被特许人将会得到很多培训手册、核查的表单、资料等，这会使培训计划变得轻松和丰富，它们最大的优点是能够重复使用来培训新的员工，很多还配以在互联网上进行的在线培训，即远程教育。

为了做好培训，培训应该多包括一些实际扮演角色的活动，例如：如果发生此种事，应该如何去做？以帮助被特许人的员工提供优质的客户服务；然后转向真实的生活，让被特许人的员工到实际生活中去，陪着他们进行客户访问或者培训他们如何把款项记入自动记录机。特许人在开年会的时候会提出一些培训项目，特许人通常愿意对管理人员和员工进行持续的培训，包括一些全国性和地区性的研讨会。

培训要一直持续下去，因为总是有新的员工、有新的东西要学、有新的信息要进行补充。当被特许人培训新员工的时候，应避免使用枯燥的、讲课式的方法，鼓励新员工提出问题并参与进来。

资料链接

培训技能采用的四步简单方法

1. 让员工做好准备

向员工解释他将做的工作，员工会观察别人做事的技巧，并提出问题。

2. 把信息提供给员工，让员工进行工作

被特许人向员工解释如何做每一步的工作，慢慢引导员工做事。

3. 让员工实践

让员工一边用较慢的速度进行工作，一边解释每一步。在需要的时候对他们提出指导和建议。

4. 看一下员工学到了什么

让员工用全速进行工作，不进行任何指导和帮助，看一下员工是否能够独立面对客户工作、是否胜任这项工作。

如果员工掌握了这项新技能，就向他表示祝贺，使其产生做好工作的自豪感。阶段性地对员工进行考察，看他是否能够正确进行工作、有没有染上坏习惯。培训时要把技能进行分割，使员工便于理解。比如培训如何整理休息室时，应将清洗地板、擦镜子、清理家具等内容分开讲解。

任务三　员工绩效考核管理制度

案例导入

达美乐引进了股票期权计划，获益员工达 200 人，公司设立了奖金制度，如果达到年度盈利目标就兑现。公司每年召开四次名为“达美乐近况”的员工会议，每月主持一次“与总裁共进午餐”活动，由计算机随机选择，邀请 10 位员工与公司总裁共进午餐，鼓励他们畅所欲言。

资料来源：朱明侠，王晓民，牛志敏．特许经营案例研究．北京：中国人民大学出版社，2013.

? 问题与思考:

达美乐是如何激励员工的?

知识探究

特许经营企业的绩效考核可以采用 KPI（关键绩效指标）的方法进行。在进行 KPI 设计时，有一个重要的 SMART 原则。SMART 是 5 个英文单词首字母的缩写：S（specific）代表“具体”，是指绩效指标要切中特定的工作目标，不是笼统的，而应是适度细化，并且随着情境变化而发生变化；M（measurable）代表“可度量”，指绩效指标是数量化或者行为化的，验证这些绩效指标的数据或者信息是可以获得的；A（agreement）代表“取得认同”，指绩效指标是上级和下级经过协商一致认同的；R（reality）代表“现实性”，指绩效指标是付出努力后能够实现的，要避免设立过高或者过低的目标；T（time）代表“有时限”，是指绩效指标中要使用一定的时间单位，即设定完成这些绩效指标的时限。[①]

要从员工那里获得最大限度的工作效益，必须适当地激发他们的积极性。适当地激发积极性是通过保证员工知道你希望他们干什么开始的，工作描述对此很有用处，它表述了雇主和员工双方受益的基本参数。为了这个目的，建议把员工成长的因素写进工作描述中去。如果双方都知道这些期望，那么就可以设计一个能确保员工受到一定的激发教育的制度。这一制度将包括下面两个基本组成部分。

一、工作述评

大多数员工都想做好自己的工作，所以，他们需要从工作描述中知道要他们做什么。如果他们不知道这些要干的具体工作，就需要收到一份要求他们必须做好工作的具体资料。为了确保员工收到这些资料，要有一个工作规程，根据这个规程每位员工都能收到正规的工作述评。这些述评应该是及时的、正式的，最好附有书面文件。这样要花时间和精力来制定规程，为员工的工作述评做好准备工作。

要想使目标技术有效，在工作述评过程中传递给员工的信息必须以事实为根据，必须以积极的方式进行传递。这包括给他们提供明确的资料，说明他们在什么地方能知道自己要干的具体工作。他们可以根据这些资料中的要求去改进自己的工作。在整个述评过程中，应该收集员工的各种反馈资料，并形成文件。所以很投入地去为每个员工制定工作目标是相当重要的。

二、奖励和表扬

一旦有了评估员工的制度，那么建立一套奖励员工的制度也是可行的。这种制度的目的在于激励员工超额完成工作任务，起表率作用。任何奖励制度的成功与否，取决于事先的计划标准的程度。最主要的是准确地制定什么样的工作目标和诱导员工做出什么样的行为。这可以包括增加销售、降低消耗，或改善与客户之间的关系。应仔细考虑提供奖励的类型，可以是奖金、假期和奖品。奖励制度要避免完全以钱为基础，金钱固然是最有效的刺激物，但

① 陈阿兴，武云亮．特许经营．北京：中国商务出版社，2006.

消耗性的奖励经常和诸如 Employee of the Month（雇员月）这种形式的刺激效果一样重要。[①]

案例评析

达美乐设立资金制度，通过股票期权制度让员工分享公司的利润，公司达到盈利目标就奖励员工。同时，通过员工会议、“与总裁共进午餐”等非物质奖励激励员工。

任务四　员工薪酬体系设计

案例导入

肯德基的薪资结构包括月薪制和时薪制两部分。月薪制员工的薪资结构分为固定部分、绩效考核、营业额考核、利润考核四部分。固定部分占60%，包括基本工资＋岗位工资＋企业补贴；绩效考核占10%，每季度根据上级主管对其绩效进行考核；营业额考核占5%，每月根据连锁店完成营业额进行考核；利润考核占25%，每月根据连锁店完成利润进行考核。时薪制包括基本时薪和效益时薪两部分，其中效益时薪分不同级别员工按小时进行计算。

？问题与思考:

肯德基的薪酬结构有什么特点？

知识探究

特许经营企业的薪酬结构可以采用职务工资和效益工资并重的结构。这样的结构工资既能体现不同企业的不同价值，又能鼓励管理人员提高自己的工作绩效。具体而言，可以分为基本工资、职务工资、效益工资、福利待遇四类工资形式。基本工资属于保障因素，职务工资和效益工资都属于激励因素。基本工资和福利待遇的作用是保障员工的基本生活；职务工资的作用是体现不同职务对企业的不同价值，同时职务工资根据员工的业绩会在一定范围内升降，从而提升了职务工资的激励性；效益工资的作用是将员工工资的一部分与公司的经济效益挂钩，使员工的利益与公司的利益紧密联系在一起。[②]

为吸引和保留高素质员工并贯彻公司的报酬宗旨，公司根据每一个职位所要求的知识技能、经历及教育等情况，向员工支付有竞争力的工资。加薪将根据表现、公司经营状况、劳动力市场等因素而定。工作表现是决定工资水平与加薪的基本因素。

---

① http：//elab. icxo. com.

② 陈阿兴，武云亮．特许经营．北京：中国商务出版社，2006.

一、工资评定及级别

公司将根据员工担任的职务和工种、个人资历和才干、工作经验和成绩来确定员工薪金。员工的职务与工资底薪及级别直接挂钩，每个职级的职员均享受相关的职务级别底薪。职员在晋升见习期间，享受该见习职务的底薪工资及原先职务的奖金，直至职员接获公司人事部正式晋升通知后，其薪金级别和奖金在指定的晋升日调整到晋升后职务级别。

二、工资组成

所有员工工资基本上由底薪、提成组成（详见财务和人事部的相关规定），其中由于各分店的日薪计算方法不同，所以员工的有关福利扣款、补贴方面也各不相同。日薪计算分为以下三种情况：

（1）每月以底薪＋提成结算的：

日薪＝当月工资总额÷当月天数

（2）每月以保底工资结算的：

日薪＝月保底工资÷当月天数

（3）每月以营业提成＋个人提成结算的：

日薪＝当月总营业额提成工资÷当月天数

三、工资发放

工资由财务部门在每月固定日期发放，发放形式可以是现金或者直接打到员工的银行卡上。当职员在国家法定假期加班时，可按照有关规定获得当天日薪的加班工资。

（一）病、事假工资发放

病假按“日工资×实际天数”扣发；事假当月两天以内（含两天）的按“日工资×实际天数”扣发；事假两天以上的按“日工资两倍×事假天数”扣发；无故旷工一天按日工资三倍扣发；无故旷工两天的按“日工资四倍×两天”扣发并辞退；无故旷工两天以上的除名处理；未按规定请假又不能提供相关证明或医院病假的，按旷工处理；鉴于行业的特殊性，节假日期间凡无故旷工者均除名处理，事假按双倍扣发工资，如遇法定假期另行安排。员工回家探亲、探病、办事等要请长假的，在准假期内按“日工资×实际休假天数”扣发。

（二）提前解除劳动合同和经济补偿金

被提前解除劳动合同的员工，在完成公司的“离职核验单”以后，会从公司一次性收到经济补偿金。该经济补偿金将由公司汇入员工的工资账户。

公司应根据员工在本公司工作年限，每满一年发给相当于一个月的经济补偿金，最多不超过十二个月。工作时间不满一年的按一年的标准发给经济补偿。

员工患病或非因公负伤经劳动鉴定委员会确认不能从事原工作，也不能从事用人单位另行安排的工作的，公司应按其在本公司的工作年限，每满一年发给相当于一个月工资的经济补偿金，还发给不低于六个月工资的医疗补助费。患重病和绝症的还应增加医疗补助费，患重病的增加部分不低于医疗补助费的50%，患绝症的增加部分不低于医疗补助费的100%。

员工不能胜任工作，经过培训或者调整工作岗位仍不能胜任工作，可解除与其的劳动合同。公司根据该员工在本公司的工作年限，每满一年发给相当于一个月的经济补偿金，最多不超过十二个月。工作时间不满一年的按一年的标准发给经济补偿。

劳动合同订立时所依据的客观情况发生重大变化，或公司经营发生变化，人员有多余又无法另行安排的，致使原劳动合同无法继续履行；员工经申请得不到公司其他部门的职位或无意在公司内部申请其他职位而导致提前解除劳动合同的，公司应按员工在本公司工作的年限和每满一年发给相当于一个月工资的经济补偿金。

公司濒临破产进行法定整顿期间或者生产经营状况发生严重困难，必须裁减人员的，公司按该员工在本单位工作年限支付经济补偿金。在公司工作的时间每满一年，发给相当于一个月工资的经济补偿金。

经济补偿金的计算标准是指正常情况下企业员工解除劳动合同前十二个月的月平均工资。如果员工的月平均工资低于企业的月平均工资，按后者标准支付。

案例评析

肯德基采取把薪资和效益挂钩的分配方案，其实质就是从企业的经营目标出发，将员工工资与效益挂钩，提高员工绩效，进而提高组织绩效，实现企业经营目标。

任务五　员工业务培训

案例导入

足来足往培训中心聘请了十几位有专业特长、教学经验丰富的老师及优秀员工担任教员，完善教学设备和设施满足学员的各种需求，为学员开设了各种各样的课程以帮助学员提高专业水平，包括基础理论课、实际操作课以及心理健康、企业文化和手语等公共课程。

资料来源：朱明侠，王晓民、牛志敏．特许经营案例研究．北京：中国人民大学出版社，2013.

？问题与思考：

足来足往为什么如此重视员工培训？

知识探究

加盟店虽然不直属于企业，但是利用的是企业的品牌、商誉等无形资产。因此，对加盟店的员工也要组织正规培训，只有培训合格才能上岗。组织加盟店员工的培训可以采用两种方法：一是在加盟店开张前，把员工送到总部的培训中心接受一系列培训；二是总部派遣教员或督导员到加盟店对员工进行培训，并在日常的岗位工作中悉心指导他们。对于管理层的员工，前一种方法较为合适；对于普通员工，后一种方法更为合理有效。

员工培训档案是企业人力资源信息库的核心，是企业人力资源开发与培训规划的基础。建立员工培训档案的基本程序如下：

（1）收集员工现有的培训材料，包括其文化水平、各种资格证书、担任的工作岗位和要求等，进行统一整理，登记在案。

（2）根据自身的实际情况，以自己为主拟订培训计划书，向人事部申请。这一步主要是制订员工个人发展计划。

（3）员工拟订了计划之后，还需要人事部来审核，看它是否符合企业的业务发展、培训规划和人才需求方向，使个体的发展融合在企业这个整体中。人事部门最后根据员工的计划书和员工在工作中的表现，确定对该员工的培训计划书。把员工接受培训过程中的具体情况和培训结果详细记录备案，如在何时、何地、参加何种培训、培训的目的和任务、员工培训中的个人感受、员工培训效果的自我评价、培训者对员工的培训评语等。

培训档案的建立需要企业领导的重视、各部门的积极配合、员工的积极参与。员工的素质要得到不断的提高，必须对员工进行持续培训和再培训。在职培训是实现这一步目标的有效途径。同时，还要组织员工不定期地观摩录像资料、进行管理技能考核竞赛等，有效地提高员工的工作能力，加深员工对企业文化的了解。培训工作组织者的素质高低将影响今后企业人才培训事业的发展和企业长远战略目标的实现，最重要的是要做好企业培训主管（或人力资源部经理）的选拔和配备工作。培训主管最好从相关专业的大学毕业生或大专院校的教师中去招聘或选拔；至少也应该将现任的培训主管送到大学校园里去接受正规的人力资源管理培训；有条件的企业还可以将培训主管送到国外去接受新的知识。

新员工都要参加由公司组织的就职教育和由人力资源部举办的综合性新员工培训。新员工加入公司后，所在部门会为他指派一位员工帮助其顺利开展工作。培训期为一周至一个月，培训期满后经考试合格后上岗。在此期间，新员工应该了解企业的发展历史及企业文化，熟悉企业的各项规章制度、经营项目及产品与价格。掌握岗位工作流程及相关注意事项。

为了公司的业务发展，为了更多地培养那些有成绩、有贡献的员工，公司会安排一些训练机会并按照公平的原则与员工签订关于自愿接受培训的协议（协议书的内容另定）。如果培训合同期未满，而员工没有任何理由或借口达到离职的目的，或者员工提出辞职、被解聘，公司将有权按照培训合同要求员工支付培训费用。

员工调职前，必须接受将要调往岗位的岗前专业性培训，直到能满足该岗位的上岗要求。特殊情况下经将调往部门的主管经理同意，可在适当的时间另行安排培训。

公司所有员工的培训情况均应登记在相应的“员工培训登记卡”上，“员工培训登记卡”由人事部门保存在员工档案内。

培训中心邀请知名经理人、学者、培训或咨询机构的专家来公司举办讲座，以便公司的管理者和员工及时了解先进的管理技术和信息，确保员工学习并了解他们所需要的管理策略或技术。

公司对员工在业余时间（不影响本职工作和任务的完成）内，在公司外接受教育和培训予以鼓励，并视不同情况给予全额报销学习费用、部分报销学习费用、承认其教育和培训后的学历等支持。

案例评析

企业要发展，首先要有一批高素质人才，只有员工素质过硬，企业才会壮大，而培训一定要一马当先冲在前。

项目小结

本项目主要介绍了门店组织结构及岗位职责、员工的招募与培训、员工绩效考核管理制度、员工薪酬体系设计以及对员工业务培训。

实操题

设计最佳的特许经营门店员工招募途径。

项目八 特许经营单店督导管理

问题引入

特许经营中有一个BOSS理论，其中B为branding，即品牌化；O为operation，即营运管理；S为supervision，即为督导；另外一个S为system，即为特许体系。由此我们可以看出，督导在特许经营管理中所处的地位。那么，如何做到有效的特许经营督导管理呢？

任务导读

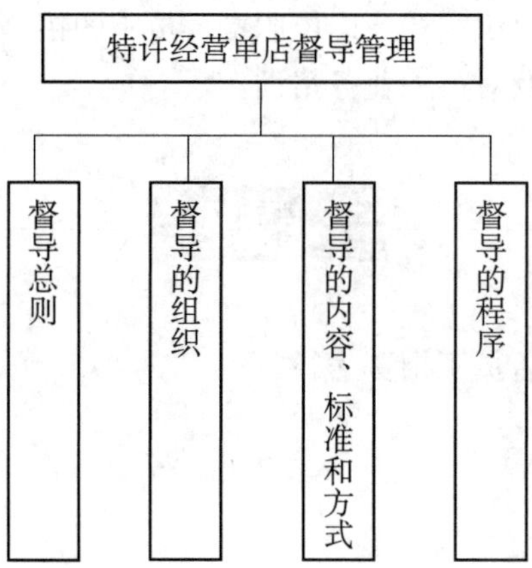

学习目标

知识目标：了解督导工作应遵循的原则、督导人员守则、督导的组织、督导的内容和方式。

能力目标：掌握督导的程序以及学会设计督导工作流程。

任务一　督导总则

案例导入

某餐饮连锁公司规定，所有原材料进店时，店经理一定要亲自在场把关，要通过亲眼看、亲手摸、亲口尝等方法来了解原材料的状况，同时还必须确认箱子有无破损，是否被雨淋；订货数量、品种与到货数量、品种是否一致，大小和形状是否整齐；食品原料有没有保持其独特的香味等；检查生产日期和食用有效期。在验货时，必须对原材料进行温度测试，尤其是冷冻与冷藏品的温度测试，验货人必须对货品是否都处于冷藏和冷冻状态进行严格检查。

运货车于20:35到达该店，超过了该店规定的收货时间20:00，迟到了35分钟。餐厅已过了营业高峰期，店经理正在餐厅内为新员工培训授课，所以指派了两名资深员工去接货。

督导员到该店巡视时，正好碰上收货，到达停车场时，运货车上的原材料已经快卸完了，两位员工正准备进行数量检查。其中一位员工在司机的陪同下按照收货单验货，点数、检查得非常认真。

督导员在一旁看了一会儿后，要其中一位员工打开一个装苹果派的箱子，对原材料的质量进行抽检。员工打开箱子，督导员靠近箱子，朝里面看了看，并蹲下身用手摸了摸，发现原材料的上层部分已开始解冻，督导员觉得情况有些糟糕，叫员工又打开了一个箱子，结果还是一样，用温度机测试后发现比规定温度高了一点。督导员非常严肃地追问运货车司机为什么会出现这样的情况，原来是在前一家店卸货耽搁了较长时间，冷藏温度来不及复原造成的。督导员当下意识到问题的严重性，又接连开了几箱进行复查，发现情况大致相同，于是断然决定退货，并要求运货车司机第二天补上退货的部分。与此同时，督导员向所辖连锁店致电，安排调货，以保证该店的正常营运。

督导员的处理，让在场的员工及刚刚赶来的店经理认识到，原材料的检查是如此的重要。

？问题与思考：

从上面的案例中，我们可以看出督导员履行了哪些职责？

知识探究

一、督导的目的

规范特许经营督导工作，保证特许加盟店运营工作的顺利进行，维护体系运营质量标准，规范督导人员的督导工作。

二、督导的原则

督导工作应遵循以下原则：

（1）客观公正、实事求是、廉洁奉公的原则；

（2）监督和指导相结合的原则；

（3）以提高加盟店业绩为导向的原则；

（4）多方面综合监督指导的原则。

三、督导的适用范围

适用于督导人员对特许经营所有加盟店的检查和指导。

四、督导的作用

定期探访加盟店，并做实质性支援，纠正加盟店的不良做法，现场指导并解决营运上存在的问题；帮助加盟店订立营业计划和改善经营绩效，进行市场分析和营业分析；提供广告宣传和品牌现象支持；提供管理及财务方面的咨询与服务；及时提供新项目及新的改善业绩的方法以及公司相关账款的回收。

五、督导手册的更新

督导的手册根据需要每年更新一次，年度更新时应将年度内补充文件分类归并到手册各章节。

年度之内的内容调整以补充文件形式发布，补充文件要求进行编号管理，发放范围及发放回收管理与手册管理相同。

六、督导员守则

（1）熟悉企业管理体系内容，熟悉企业经营管理知识，熟悉企业的项目内容，熟悉企业的服务规范，有良好的工作经验、专业知识、沟通技巧和责任感。

（2）督导检查人员到加盟店检查，做到不卑不亢，既不盛气凌人，又不畏首畏尾，以帮助提高加盟店管理水平为出发点，做好对加盟店的服务工作，切实帮助加盟店解决经营管理中的困难和问题。

（3）维护公司营运标准，按规定项目进行检查。发现问题，当场指出，对问题严重的填发加盟店督导检查问题整改通知单，并协助加盟店制定整改措施。

（4）检查实事求是、客观公正、坚持标准，做到俭朴、高效、准确。

（5）检查结束，填写加盟店督导检查评价表，并让加盟店负责人签字。

（6）不得利用工作之便向加盟店借款借物、索要财物，不得在加盟店报销与检查规定无关的任何费用，不得向加盟店提出工作内容之外的不正当要求。

(7) 严禁带无关人员随同到加盟店检查工作，未经批准不得借机绕道办私事。

(8) 讲究文明礼貌，做到着装整洁、仪表端庄，注意形象。

(9) 廉洁自律，遵纪守法，注意安全。

(10) 发现以下问题，须及时向营运管理部报告，并要求加盟店写出书面情况说明：

1) 加盟店发生重大变动，如更换法定代表人、增减注册资金、改变经营场址或经营范围未及时报告；

2) 擅自转让加盟店或擅自扩大特许经营商标的使用范围，或与其他商标组合使用；

3) 未经允许将特许经营商标再许可他人或转让、出租、转卖他人制作或使用；

4) 加盟店在店外使用特许权，将特许权转让或许可他人使用，在加盟店以外的产品和服务中使用特许经营标识；

5) 变更特许合同规定的权利义务主体未及时报告；

6) 加盟店将重要资产转让他人或处于分立、合并状态；

7) 经营场地主体格局变更、经营面积增减未及时报告；

8) 未经允许关闭店或在另一场地经营同类业务；

9) 在店内从事超出特许合同限定范围的商业或非商业行动；

10) 自行制作或使用与特许经营商标相似或变形的商标，降低加盟店的服务质量或产品质量，发生被媒体曝光批评或消费者严重投诉等情况；

11) 销售和使用竞争对手的产品和服务；

12) 营业执照、卫生许可证、安全防火及环保等营运证件未年检或年检不合格；

13) 发生严重事故，造成人员伤亡未及时报告；

14) 破坏特许经营商誉及形象，有损害特许经营商誉的行为；

15) 违反中华人民共和国法律。

案例评析

1. 督导员严格执行总部对于收货的各种规定，维护了总部的运营管理标准。

2. 保证原材料的质量是餐饮店的头等大事，如果出现问题，不只是一个店铺的事情，而是关系整个连锁体系的利益。督导员不但保证了分店在正确的轨道上营运，而且保护了整个连锁体系的利益。

3. 督导员很好地履行了监控的职责。

任务二　督导的组织

案例导入

某连锁店有两个规定：一是员工在接受训练的工作时段为“非生产性工时”，这种工时一般不安排在营业高峰期。二是员工正常工作时间要穿新工服上班，只有参加打烊工作的员工，在不接触顾客的情况下，可以穿旧工作服工作。

几位刚下班的员工满脸愁容地找到督导员希望能聊一聊。督导员马上安排好了手头上的其他工作，和蔼地请几位员工先坐下，像拉家常一样和他们聊开了。

一个员工说："上班都快两个月了，给我安排的工时还是那么少，赚的钱还不够路费呢。"另一个接着说："经理安排的工作一点都不合理，给我们几个新来的安排的工作，总是客人少的时候，我们的技术什么时候能提高呀?"又一个员工抢着说："我们得罪谁了?凭什么人家一来都是两身儿新工服，我们几个就发一身儿旧、一身儿新?"

几个员工七嘴八舌满腹牢骚。督导员并没有马上回答他们的问题，等他们平静了一会儿，督导员说："非常感谢大伙儿对公司工作的关注，能提出问题和看法，说明你们很关心我们共同工作的这个大家庭，是非常好的。但是，公司有公司的规定。"

接着，督导员就将工时政策、训练和排班的相关规定给员工们做了深入浅出的讲解。同时，对于工服的问题表示会尽快解决。最后，督导员还鼓励他们加紧自身的训练，争取早日加入繁忙的一线工作中去。一席话说得几位员工欣然称是，带着满意的微笑离开了店铺。

送走了员工，督导员抓紧时间和刚来上夜班的店经理交流起来。店经理听完这些情况后说："工服问题是我忽略了，这两个月一直没要求订货，我会尽快订货的。另外，我会向员工解释，挽回这件事对公司的不良影响。至于新员工说的工资少、训练进度慢等问题，我也没办法，因为这两个月来，连续搞了两次促销活动，人手一直很紧张，新员工忙时又不顶用，训练工时就不好安排。"

督导员说："员工训练占用的是'非生产性工时'，列支公司总营运成本，而不是店内经营成本，应当按规定的比例有效地加以利用。调动所有员工的积极性和创造力，才有可能使工作有条不紊。尽快训练员工，提高他们的操作和服务技能，把他们充实到一线岗位，既可以在营业高峰来临时有足够的人力储备，又能有效地调动更多员工的积极性。员工技能的提升，直接的效益是效率的提升和劳动力成本的下降。"

店经理听后心悦诚服，表示尽快调整排班表，把训练工作抓起来。

? 问题与思考:

你怎么评价案例中督导员的工作?

知识探究

一、督导制度

(1) 总部设置运营部负责整个督导体系的工作开展，下设督导员；

(2) 督导员负责辖区内加盟店的日常督导管理；

(3) 督导员必须按照企业督导任职标准选拔人选，并经过严格培训、考核；

(4) 督导员由专聘的经验丰富、理论功底扎实的人士担任，可以外部招聘，也可由加盟店店长担任；

（5）督导员应具有较高职业道德，对加盟店的督导行为必须做到公平、公正；

（6）督导员对各加盟店实施定期督导和不定期督导，定期督导由总部派出督导员，至少保证每店每年 4 次，不定期督导由总部派出督导员针对具体情况做出督导计划安排；

（7）将加盟店定期督导考核作为总部对各加盟商的评估依据，以便确定对加盟商下一年度的经销政策和奖惩措施；

（8）督导员对本区域加盟店负有全权监督、指导、建议、培训权，每店每周至少进行 2 次电话拜访，每次至少间隔 3 天，督导结果上报总部，作为年度督导评估的重要参考依据；

（9）督导员巡店前必须进行严格的巡店准备，包括制订巡店计划、确定巡店主要内容、准备巡店工具等；

（10）督导员巡店时必须严格按照巡店流程进行作业；

（11）督导员巡店过程必须填写相应的督导工具；

（12）督导员巡店完毕后，需对督导资料进行整理、分析，并提出建议，报总部备案；

（13）督导员应与加盟商、店长共同协商，对督导问题进行分析、建议、整改；

（14）督导员应完成总部的各项调查任务，根据区域市场特性，编制调研报告，提出建议上报总部；

（15）督导员必须严格遵守相应督导制度，一旦出现工作问题，将按照相关规定予以惩罚；

（16）总部负责督导制度的制定、修改以及最终解释权。

二、督导员的任职条件

（一）督导员的形象要求

（1）外表干净整洁，着装简洁，体现职业风采；

（2）笑容可掬，具有亲和力；

（3）谈吐专业，有礼貌；

（4）举止大方、干练。

（二）督导员的素质要求

（1）熟悉行业状况，专业知识全面；

（2）普通话标准流利，表达清晰；

（3）沟通、适应能力强，善于协调关系；

（4）头脑灵活，反应灵敏；

（5）品行端正，值得信赖；

（6）办事干练，效率高；

（7）敬业，责任感强，积极进取；

（8）具有吃苦耐劳的精神。

（三）督导员的专业要求

（1）工作经验丰富，具有加盟店店长的工作经验，具有加盟店一线市场实际操作经验，并具有较高的理论认识；

（2）对特许经营模式有着较深的认识，并知悉本行业特许经营模式特点；

（3）熟悉企业各类项目的内容、运营等相关知识和流程；

（4）对加盟店咨询管理、宣传资料陈列、咨询服务等环节均有深刻理解；

（5）具有较强的加盟店店面运营诊断能力和整改能力。

三、督导员的职责

（1）在所管辖的区域中，维持公司各项标准；

（2）协调公司与各加盟商的关系，在双方共同获益的前提下，使各加盟商与公司保持一致行动；

（3）根据公司的管理模式，给加盟商提供管理与经营支持，帮助他们走上正确的加盟店发展道路；

（4）追踪并传达公司的新政策、新项目实施和促销活动；

（5）确保特许经营合作过程中公司的利益不受损失；

（6）执行人员发展计划，培养公司所需的管理人员；

（7）现有加盟店控制考核；

（8）相关账款回收；

（9）积极反映市场及加盟店的信息；

（10）例行督导。

资料链接

督导职责描述

职责	详细描述
按质、按时地实现工作目标	● 确保加盟店的销售工作顺利进行 ● 对公司各项方针政策在加盟店的执行情况负责 ● 对市场调研内容的准确性负责 ● 对加盟商综合调研报告负责 ● 对加盟店选址的可行性负责
完成/超额完成业绩目标	● 区域经理制定业绩目标 ● 督导通知终端工作人员细化销量目标，并将目标分解到每周 ● 通过每周完成情况，制订切实可行的行动计划以完成上述目标 ● 加盟店销售数据的分析，寻找加盟店业绩异常的原因，并建议和督促达成加盟店业绩的各项目标 ● 对加盟店运营中的销售、管理经验进行总结提炼，提出合理化建议，并向整个特许经营系统传播

续前表

职责	详细描述
加盟店巡访	● 设置巡访路线 ● 设计巡访步骤，做好巡店前准备，进行店内检查 ● 进行咨询员辅导，确定拜访次数及频率要求 ● 收集加盟店问题的信息，分析原因，提出改进建议，落实到相关责任人，并进行有效的事后跟踪，以确保加盟店的问题及时得到改善 ● 整理巡店报告
陈列管理	● 根据公司需求和促销计划陈列物料 ● 确保加盟店按照公司规定执行陈列 ● 抢占有利的陈列位置进行陈列
项目管理	● 针对所辖区域的销售进行有效分析，并能够通过分析结果立刻找出针对相关项目的有效推动策略 ● 确保推动策略在加盟店有效实施，最大限度地确保所辖区域与导入项目及导入时间等相契合
促销活动	● 检查加盟店对公司促销活动的执行情况，严格执行促销活动内容，检查促销实施情况 ● 自行开展区域小型活动，对相关人员进行培训 ● 对活动效果进行评估，并给予相关部门信息反馈
价格监控	● 确保项目价格与公司保持一致，及时向上级汇报价格违规情况 ● 如遇调价情况，及时协调加盟店在新价格生效当日调价
人员管理	● 有良好的激励手法，保持员工在销售中的激情，当员工士气低落时能够通过游戏或其他方法鼓舞员工士气 ● 知人善任，了解每位员工的能力，并能够按照员工的能力令其做与之能力相适应的工作 ● 当员工有良好的表现时能够及时给予反馈，令员工始终保持良好的行为 ● 当员工工作出现问题时能够通过有效的辅导与回应令员工的问题得到改善 ● 定期针对每位员工的表现进行绩效评估，使员工的个人业绩清晰表现出来 ● 制订年度员工培养计划，帮助所辖区域的加盟店培养出优秀的管理者，必须定时对人员进行培训与现场教练，并在训练后予以考核，提升各加盟店的人员素质和形象、销售与服务高度，在提升员工能力的同时带动加盟店的业绩发展 ● 跟进加盟店培训效果，持续跟进加盟店培训后的执行情况
加盟店管理维护	● 建立并且维护好良好的 VIP 关系，塑造良好的品牌形象 ● 对于新开店，应该开拓新客户资源
报告竞争对手信息	● 收集竞争品牌的动向、促销活动、新项目发布、价格变化、外销政策、质量问题、人员结构等信息，及时进行反馈
加盟店基本信息维护	● 随时对加盟店进行跟进，每月对新开店、关闭店以及重点信息进行及时更新 ● 负责新开店的开业准备及辅导工作，确保新店顺利开业，并完成新店跟踪评估

督导详细职责和工作内容

项目	工作职责	工作内容
人员管理	● 统筹区域内人员招聘的工作 ● 负责安排区域员工的日常工作及人员调配 ● 处理员工与员工、员工与公司的关系，作为沟通的桥梁 ● 人员培训、评核	● 依据人力配置计划及人员流失制订招聘计划 ● 运用适当的途径进行招聘 ● 依据区域发展合理调配人员 ● 协调员工之间的关系，及时解决存在的问题 ● 处理及反馈员工的意见和要求 ● 依据公司培训系统为不同级别的人员制订相关的培训计划 ● 按计划执行人员培训、考核 ● 定期为各级别人员做工作评核和绩效考核 ● 为公司储备和培养零售管理人才，配合公司发展
财务管理	● 负责区域内的费用管理与控制 ● 制定区域内的盈利指标并实施监控	● 依据公司要求制订区域营运费用预算计划 ● 有效监控区域范围内的销售、库存、盈利目标的达成（按时完成区域内销售、库存、盈利的月度、季度、年度分析报表） ● 监控各加盟店营运费用，提供有效的控制费用流程和方法、制度
营运管理	● 监督区域内各加盟店管理 ● 负责区域内新开加盟店的开业 ● 负责区域内销售目标的达成 ● 负责区域推广活动 ● 负责加强区域与公司的沟通 ● 负责公司制度的落实与执行 ● 负责完善区域运作体系及管理制度	● 定期巡视区域各加盟店的运作，解决营运中存在的问题 ● 及时向公司反馈和跟进问题 ● 依据公司的开店计划制作开业流程和日程表 ● 进行工程验收 ● 安排相关人员分配工作，准备开业 ● 依据公司整体销售目标及区域情况，分解并制定区域内销售目标，分配到各加盟店 ● 制订相应的工作计划 ● 收集各加盟店每天营业额上报公司 ● 推动各加盟店生意 ● 依据公司要求及区域情况制订推广活动计划 ● 安排推广活动的实施 ● 执行对推广活动的成效分析和跟进 ● 代表公司定期拜访区域内加盟店，并与有关人员进行沟通 ● 依据公司制度及区域情况改善公司相关制度 ● 与各级别人员讲解制度 ● 监控和考核各级别人员对制度的执行情况 ● 处理和解决相关问题 ● 依据公司营运体系及区域情况不断完善区域营运体系和管理制度，使各项工作规范化、制度化
资讯管理	● 负责区域市场信息的收集及反馈 ● 负责传达公司相关资讯	● 定时巡视区域内同类品牌店铺，进行市场调查、信息收集 ● 及时向公司反馈相关调查结果 ● 清晰传达公司制度及最新文件

案例评析

1. 督导员很好地履行了自己的职责，妥善地处理了员工的不满，作为分店的员工能直接面对的领导，当员工遇到无法解决的问题或障碍时，成为他们可以倾诉的最佳对象。

2. 督导员恰当地协助分店协调了劳资关系，并提高了员工的积极性。

3. 督导员维护了总部制定的工时政策，并充分与店经理沟通，达成了共识，为店铺的长期发展奠定了基础。

任务三 督导的内容、标准和方式

案例导入

某连锁餐饮企业的督导员以平均一周一次的频率，分别去其管辖连锁店周边的竞争店铺“报到”，以在那里用餐的形式收集各种信息。这天督导员又利用晚间的休息时间，走进了自己管辖范围内的一家“对手”快餐店。

督导员站在柜台前，观察着该店的菜单照明显示牌、附有相片的菜单显示牌以及店内的促销宣传牌等，不动声色地对是否有新产品、产品的价格是否有变化等情况进行了确认，然后点了一份该店的促销产品，选了一个能够清楚看到厨房里面的位子坐下。

用餐时，督导员先将汉堡包掰开，对肉饼、生菜、调味酱汁、面包的形状和颜色进行确认后开始吃起来，一边品尝着味道，一边观察着店内的地面、桌椅、墙壁、天花板、照明、装饰物等的清洁程度，厨房内的作业情况、员工人数及人员安排。最后又对店堂的顾客数量进行了大致统计，默默推算出该店的小时销售额。

用完餐走出快餐店，这位督导员得出了这样的结论：第一，这家快餐店除促销活动以外，与上个月相比基本没有新的东西推出；第二，店铺 QSC（质量＋服务＋清洁）水平应该定为 C 等级；第三，店铺经理的管理水平要更低一点；第四，推算每小时营业额平均为 4 500 元，每天大致 7 万元，比上个月稍微高一点。

“侦察”完毕后，督导员回到办公室静坐下来，开始仔细记录刚才收集到的情报，并将其整理好保存在一个专门的文件夹中。督导员一边将竞争店铺与自己所辖店铺进行比较，一边考虑采取什么措施可以将对手打败。不一会儿，一份针对很强的促销计划草案跃然纸上。

第二天一早，督导员便召集其所辖连锁店的店经理或值班经理开会，商讨促销计划的实施。三天后，一个小区域的促销活动开始推行。

? 问题与思考:

1. 督导员收集信息的主要目的是什么?
2. 督导员收集信息主要包含哪些方面的内容?

知识探究

一、督导的内容

督导工作的主要任务是贯彻公司总部的政策与规范，监督、指导和支持加盟店的业务运行。其工作内容有：监督加盟店的运营质量、维护总部的运营标准、指导加盟店运作、帮助加盟店提高业绩。督导工作主要涉及以下方面。

(一) 经营业绩督导

(1) 营业额;
(2) 利润额;
(3) 费用额;
(4) 毛利率;
(5) 业绩达成率;
(6) 空间效益。

(二) 员工士气、服务质量督导

(1) 营业时间;
(2) 员工出勤;
(3) 员工仪表;
(4) 服务态度;
(5) 服务规范;
(6) 记录填写。

(三) 形象及环境督导

(1) 整体形象;
(2) 门前环境;
(3) 店内环境;
(4) 宣传资料摆放架(台);
(5) 工作台。

(四) 物料配送督导

(1) 物料配送;
(2) 资料管理。

二、督导的标准

（一）工作人员咨询标准

1. 电话沟通

（1）打电话的礼仪。

1）在合适的时间，即 8:00—20:00 打电话，尽量避免中午打电话。

2）打电话前做好准备，对内容与目的做到清楚、明了，在电话旁准备好笔与笔记本。

3）电话拨通后，首先应说“您好”，然后通报单位名称，必要时应报上姓名或工号。

4）进入正式谈话前，应首先扼要说明打电话的目的与事项。

5）通话时间以 3～5 分钟为宜。

6）拨错电话时，应该向对方表示歉意。

（2）接电话的礼仪。

1）电话铃响三下之内应接起，接起后应立即说“您好”，然后通报单位的名称（语速不能太快），必要时应报上姓名或工号。

2）接听电话之前必须注意控制好语气、音量和语速，应体现出积极、热情、乐于助人的态度。

3）与话筒保持合适的距离，嘴里不含任何东西。

4）根据对方的语速调整自己的语速，采取相似的语速容易引起共鸣，给对方留下好感。

5）面部表情会影响声音的变化，所以要笑容可掬地接听电话，声音自然会把明朗的笑容传给对方。

6）要保持正确的姿态，包括站姿或坐姿，同时还要稳稳地握住电话听筒。采取坐姿时要挺直上身，这样有助于语调的提高，更能展现高雅的神韵。

7）因要接其他电话而要耽搁正在接的电话时，应表示歉意。

8）听对方讲话时不要沉默，否则对方会以为你没在听或没有兴趣。

9）切忌在电话中使用“说”“讲”这种硬邦邦的电话接听方式，这会显得粗鲁无礼，有一种盛气凌人的气势，好像是在摆架子。每个人都希望别人以礼相待，在接听电话时一定要注意应有的礼貌。

10）对于来电者所提出的问题要客观、有条理地回答，给人以真诚感，切忌虚情假意。

11）对于客户的投诉电话，首先要安抚投诉者的情绪，然后询问原因，认真倾听投诉者诉说。如果解决不了应及时通报加盟店负责人。

12）最后应说“再见”或“如果您还有什么疑问，欢迎您随时来电咨询”。待对方挂断电话后再挂断。

（3）倾听技巧。

一名优秀的咨询人员更要善于聆听、耐心解释，并善于引诱。要聆听客户的需要和咨询的目的，要倾听客户的异议、抱怨和投诉。同时还要善于听出客户没有表达的意思——

没说出来的需求、秘密需求。

（4）声音技巧。

一名优秀的咨询人员应该做到：

1）声音听起来清晰、稳重而又充满自信；

2）声音充满活力与热情；

3）说话时语调保持适度变化；

4）声音让人听起来不感到单调、乏味；

5）能让他人从你声音中感受到一种轻松自在和愉快；

6）当你情不自禁地讲话时，能压低自己的嗓门；

7）说话时能避免使用“啦”“啊”等语气词。

2. 面对面沟通

（1）服务中心接待礼仪是营销环节中很容易被忽视又不能忽视的。

1）说话口齿清晰、音量适中，最好用标准普通话，但若客户讲方言，在可能的范围内可配合客户，以增进相互沟通的效果。

2）要有先来后到的次序观念。先来的客户应先给予服务，对后到的客户应亲切有礼地请他稍候片刻，不能置之不理，或是本末倒置地先招呼后到的客户，而怠慢先来的客户。

3）在店内忙碌、人手不够的情况下，当接待等候多时的会员时，应先向对方道歉，表示招待不周恳请谅解，不能气急败坏地敷衍了事。

4）亲切地招待客户到店内参观。如有必要应主动对会员提供帮助，会员有疑问时，应以专业、愉快的态度为客户解答，不宜有不耐烦的表情或者一问三不知。即使客户没有进行任何消费，也要保持一贯亲切、热诚的态度谢谢他来参观，才能给对方留下好的印象。也许下次客户有需要时，就会先想到你并且再度光临。

（2）作为店面工作人员，仪表仪态很重要，因为谁也不愿意跟一个不修边幅的人打交道，更何况是在消费时。

1）店面工作人员都要求服装统一。工作服要经常清洗，保持袖口、领口干净。穿着前要熨烫平整，确保衣物无褶皱。穿衣时要求所有纽扣全部扣上。衣服不得有破损、补丁和丢扣子。

2）蹲姿：左、右膝盖一上一下，并且保持腰部直立。

3）走姿：挺胸，抬头，双臂自然摆动，脚不拖地。

4）手势：四指并拢，虎口微开，掌心向上与地面成 45 度夹角。不得趴、靠在柜台上，用双手支撑柜台时，上身倾斜不得超过 15 度。

5）站姿：挺胸，抬头，收腹，大腿加紧，膝盖并拢，提臀。

（3）终端客户总是对服务态度会有特别的要求，来店里消费肯定希望得到热情的服务和欢迎，所以要求工作人员微笑服务。

微笑是表情中最能给人以好感、增加友善和沟通、愉悦心情的表达方式。最具亲和力的三笑：眼睛笑、嘴笑、眼神笑。

店面营销礼仪是促成交易成功的催化剂，作为店面工作人员必须时刻注意自己的言行，干一行爱一行，只有不断提升对自己的要求、提升营销礼仪，才能留住顾客。

（二）物料摆放标准

（1）所有宣传资料（柜台和资料架等）必须摆放整齐、维护完好，且必须放在方便顾客拿取的位置，并及时更新。

（2）店面死角处不能摆放任何物品。

（3）所有个人用品、生活用品必须摆放在隐蔽处，工作用品需摆放整齐。

（三）服务标准

员工的服务行为不仅直接关系总体服务质量，也影响公司的整体形象。因此，除保证项目质量外，还要提高服务行为的规范化。

1. 员工服务行为

（1）为员工提供岗位培训，使员工掌握所销售项目的知识信息以及实际操作技能；提高员工的服务意识，明确服务行为规范。

（2）员工服务行为规范。

1）尊重客户、以诚相待。

2）要让每一位客户都知道他是受欢迎的。

3）提高服务效率，减少客户等待时间。

4）衣着整齐大方，工作期间应着工服。

5）仪容端庄，发型规整，梳理整齐。

6）女员工淡妆上岗，不浓妆艳抹。

7）饰物简洁，不得佩戴过于夸张的首饰。

8）勤洗澡、勤理发、勤洗勤换衣服。

9）讲究卫生，指甲内不得有污垢；注意口腔卫生，清除异味。

10）仪态大方，站立应挺胸、收腹、沉肩、双臂自然下垂、头部端正、目光平视前方；行走应挺胸、收腹、沉肩垂肘，身体重心略向前移。引领客人应走在客人前方两侧，时时注意客人是否跟上；迎面来客人应侧身相让，不近身或超越同行的客人，因工作需要超越客户时，应礼貌致歉。

11）言谈得体，讲普通话，语言表达简练、明确、具体。

12）工作时间不得闲聊、吃零食、嚼口香糖、做与工作无关的事情。

13）午餐不得饮酒，尽量不吃有异味的食物。

14）有客人光临时，应热情、主动、友善地同客人打招呼。

15）询问、干扰客人或出现服务差错时，要主动致歉，态度诚恳，彬彬有礼；倾听时双目注视对方、面带微笑，并适时给予回馈，不可打断客人或做出皱眉头、四处观望等不礼貌行为；对客人有问必答，注意分寸，注意严守公司秘密，不得含糊其词、不懂装懂，自己不能解答的问题应及时找相关人员予以协助解答；在服务过程中，事情无论巨细应尽可能多地以“谢谢”开头和结尾，在得到客人的帮助、谅解时更应致谢；发生纠纷时，在任何情况下都不得与客人争吵，应首先给客人致歉，自己不能解决时应及时找经理解决。

16）接听电话应首先说：“您好，××××服务中心！”语气应亲切和蔼、语音适中，不得大声叫喊，也不得小声应付。

17）坚守岗位，不得擅离职守。

（3）客户服务“六部曲”。

1）友好、诚恳地打招呼。

2）询问需求。

3）介绍项目、解决需求。

4）致谢，征询客人满意程度。

5）把握时机，适时满足客人的额外需求，超越客户期望。

6）致谢，欢迎客人再次光临。

（4）服务禁语。

1）“不知道!”

2）“急什么，没看我一直忙着吗?”

3）“资料上写着呢，自己看!”

4）“快下班了，明天再来吧。”

5）“有完没完，烦死了！我不是已经告诉你了吗?”

6）“我的态度就这样，怎么啦?”

7）“去！后面排队去!”

8）“你去告吧，告到哪儿我都不怕!”

（5）服务提供规范。

1）遇有客户光临，应主动礼貌问好，询问客户需求。客户阐述需求应仔细耐心倾听，有不明之处，应礼貌询问。

2）根据客户需求，选择适合客户的项目向客户介绍。介绍项目时应讲普通话，语调适中，表达简练、明确、具体，实事求是，不做虚假宣传，不夸大效果。

3）通过讲解、介绍，就项目信息反复与客户交流，力求达成一致。

4）在征得客户同意的情况下，就本次服务的情况由客户填写服务记录，收集客户对服务的满意程度信息。

5）根据收集的客户信息，适时调整服务流程或服务规范，达到客户满意，并争取超越客户期望。

2. 服务质量控制规范

目的是规定员工服务质量考核办法，确保服务质量符合服务规范的要求，确保客户满意，适用于加盟店工作人员的咨询解答服务。加盟店负责人负责对咨询工作人员进行服务质量考核，填写服务质量考核记录表。

（1）员工服务质量考核基数为 10 分，按工资总额的 10%计算。

（2）员工有下列行为之一的，每发现一次扣 1 分：不讲个人卫生，仪容不整，不按规定着装和佩戴胸卡；行为不端，言语粗俗，不讲普通话；工作时间闲聊、打扑克、玩游戏、吃零食，或做其他与工作无关的事情；工作环境差，不按时清理打扫，物品摆放不整，有灰尘；对顾客说服务禁语；接听电话不使用礼貌用语。

（3）员工有下列行为之一的，每发现一次扣 2 分：长时间接听电话，让客户等待；工作时间饮酒、睡觉；不坚守岗位，擅离职守；对待客户态度不好，引起客户不满；客户光临时不理不睬、有问不答；出现服务差错，拒不承认，不能主动求得客户谅解；业务处理不当，让客户长时间等待，引起客户不满。

（4）员工有下列行为之一的，每发现一次扣5分：不服从管理，顶撞领导；对待客户傲慢无礼，顶撞客户；不能正确对待客户意见，恶语相加，与客户发生争吵；夸大宣传，蒙蔽客户；酒后闹事，寻衅滋事，扰乱正常工作秩序；利用职务之便牟取私利；其他任何有损总部形象的行为。

（5）上述（2）、（3）条所述行为每月累计发现两次以上者，加扣5分。

（6）上述（4）条所述行为每月累计发现两次以上者，给予开除处分。

（7）上述行为在给予经济处罚的同时，可按总部相关规定并处行政处罚。

资料链接

督导标准一览表

1. 店面形象及配备设施		
分类	执行标准	执行情况
户外门头	加盟店标准门头	
整体户外形象	干净、整洁、完好，位置显著，运行正常	
室内：主背板墙/授权牌/工作台/带地址（地图）的加盟店名片/员工台卡/座椅/电视/空调/回收箱/充电器/展架/饮水机/挂钟/宣传品摆放/经理信箱等		
整体室内形象	干净、整洁、舒适、专业，设备运行正常	
接待区		
咨询服务柜台	干净、整洁，便于和客户交流，可摆放防静电板	
授权牌	保证其在有效期内，位置显著	
挂钟	运行正常	
客户座椅	干净整洁	
免费电池充电	位置显著，运行正常	
回收箱	干净、整洁	
加盟店名片	符合总部标准，有固定的名称、地址和联系电话	
休息等待区		
饮用水	保持桶内有足够的水供客户饮用	
纸杯	保持有足够的一次性水杯供客户使用	
休息桌	保持干净、整洁，放置咨询热线台卡、数量充足的宣传资料	
客户座椅	摆放整齐、保持清洁	
杂志/报纸	摆放整齐，及时更新、整理	
前台咨询人员着装	穿着工装，胸前佩戴胸卡，胸卡上注明员工号	

2. 岗位职责的贯彻执行	
执行标准	执行情况
坚守岗位，不擅离职守	

对工作流程和业务操作娴熟	
对新技术、新规定的掌握及时、准确	
工作时间不做与工作无关的事情	
3. 服务方式	
执行标准	执行情况
始终面带微笑提供服务，微笑自然得体	
与客户交流时保持礼貌的目光接触	
使用礼貌服务用语，行为举止符合礼仪规范	
不与客户发生争执，服务中不流露不满	
注意聆听客户反馈，有效解决客户投诉	
兑现对客户的承诺	
没有不良投诉发生	
4. 自我认知及自行管理	
执行标准	执行情况
对店内出现的情况及时处理、上报	
对检查人员的建议反应积极、虚心接受	
对本店的工作汇报无虚假情况发生	

三、督导的方式

（一）定期督导

督导员每月对加盟店督导一次，并做出督导报告。

（二）不定期督导

督导员针对每月督导过程中发现的问题，以及顾客投诉中反映问题较集中的加盟店进行不定期的督导，每季度至少一次。

案例评析

1. 督导员收集信息的目的一方面是提供给公司，作为综合决策之用；另一方面是把这些一手信息经过加工，变成对实际商战有指导意义的策略，这也正是督导员引导营销的主要工作内容。

2. 督导员应该有一个专门的文件夹，其中应该有一份用各种颜色做标记的商圈竞争店铺地图，和一份完整的竞争店铺资料，资料内容主要包括店名、地址、电话号码、营业时间、休息日、店铺面积、客席数、停车场面积、店铺的外观形象、推测销售额、推测顾客数、商品的种类和价格以及总部情况等。督导员每次“侦察”完毕后，都要将收集到的竞争店铺资料汇总后放进专门文件夹中进行保管。

作为督导员，不仅要收集竞争对象的情况，而且要重视收集和保存自己店铺所处商圈的一切情报，比如，除了掌握商圈中有哪些竞争店铺、主要卖些什么商品、最近是否有新店铺开张等情报之外，还需收集商圈人口数量、生活水平、人口集中区域、新建筑物区域、集会举行的时间和地点等。然后在仔细分析这些资料的基础上每6个月制订一次计划，根据商圈的实际情况开展切实有效的促销活动。

任务四 督导的程序

案例导入

连续几天的炎热天气，应当是麦当劳冷饮销售的旺季，督导员却发现他管辖的一家餐厅的饮料类的销售额这些天没有明显的提升，饮料在总营业额中所占比重与其他餐厅相比也有很大差距。所以督导员决定一早到这家餐厅，看看问题究竟出在什么地方。

督导员专注地看着员工给顾客打饮料的操作，一切都很正常。忽然他发现，从他身边走过的三位顾客手里的奶昔有一些异样——里面似乎装得过满，好像盖盖子都很费力。一会儿，督导员又看到一个顾客拿着同样状态的奶昔离开柜台……督导员决定多了解一些情况，他走到柜台前，买了一杯可乐和一杯芬达，坐在离柜台不远的地方，一边“品尝”饮料一边观察奶昔机岗位的工作状况。

半个小时过去了，所有顾客拿到的都是装得过满的奶昔，基本可以排除员工“谋私”的可能，应当是培训不到位的原因。同时督导员觉得手中的可乐有点儿淡，芬达也淡得已经能尝到碳酸水的涩味，督导员意识到问题应该出在饮料机上，一定是每天的调校工作出现了漏洞。

督导员马上找来负责的员工组长询问情况，果然，已经有近一周没有调校饮料机了（为了保证服务品质和饮料口感，麦当劳的饮料机每天都要做调校），原因是调校机器用的量杯摔坏了，订货一直没到。听到这儿，督导员立即打电话给邻店请求协助。不一会儿，饮料机调校好了。

解决了饮料的问题，督导员又来到奶昔机前对操作员工说：“早晨奶昔机工作量小，产品比较稠，装得太满，顾客饮用很困难，我们的服务品质无法得到保障。同时，这样的装杯量，每五杯就等于白送出一杯，会给公司造成损失。”员工解释说：他在这个岗位刚学习了一天，负责培训他的训练员就生病了，没人带他。督导员二话没说就开始手把手地教他操作奶昔机。经过几次标准的操作后，员工已经能够熟练地操作奶昔机了。接下来，督导员和店经理一起交流了当天发生的事情，对于培训、排班、沟通等方面存在的问题，店经理接受了一次全面的教育，他很感谢督导员的帮助。

? 问题与思考:

案例中的督导员担当了什么角色?

知识探究

一、例行督导工作的流程

例行督导工作的流程如图 8-1 所示。

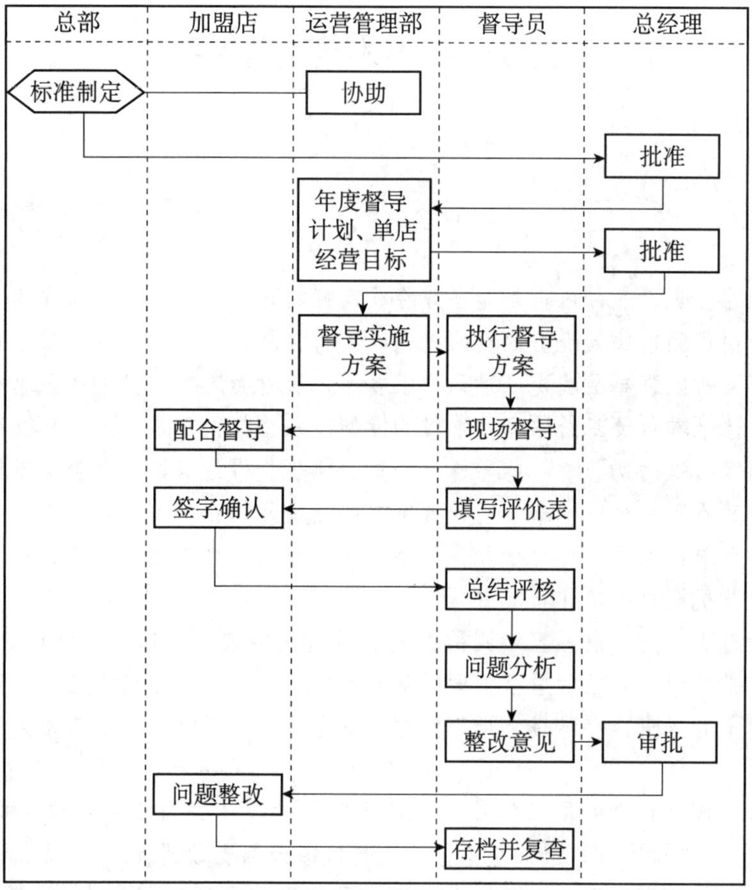

图 8-1 例行督导工作的流程

(1) 协助运营部制定加盟店运作标准，包括员工士气及服务质量标准、整体形象标准、物料配送及项目导入标准等。

(2) 编制督导工作计划，包括督导的时间安排、对象、内容、方式等，并制定加盟店年度经营目标，报总经理批准。

(3) 根据批准后的计划制定督导工作实施方案，包括具体的督导对象、重点督导的内容、督导的方式和进行督导的时间等。

(4) 根据加盟店营业目标对加盟店经营情况进行督查，根据服务、项目、环境的质量标准及公司的相关政策制度，对加盟店的营销、项目、服务、员工士气、整体形象、环境等方面进行现场调查，对违规的事项进行取证落实，并当面指出。

二、不足之处的处理

（1）填写督导记录表单，同加盟店店长进行沟通指导，同时请加盟店店长在督导记录表单上签字确认。

（2）对发现的问题进行分析，找出其中共性的东西和特殊发生的事件，编制督导结果总结分析报告，同督导记录表一并交部门经理及总经理参阅。

（3）运营管理部组织编写问题整改意见，经总经理批准后下达到各加盟店。

（4）监督各加盟店的整改执行情况，并在适当时机复查问题店。

（5）整理督导文件，建立档案。

三、加盟店评核及奖惩

（一）加盟店评核的目的

（1）作为对各店经营人员考核激励的依据。

（2）作为对各店提出应改善问题点的依据。

（3）作为特许经营体系各店划分等级的依据。

（二）加盟店评核的时间

1. 月度评核

根据每月督导的结果，每月对加盟店评核一次，并提出报告（每月 10 日前为评核时间）。

2. 季度评核

每季度综合当季各月成绩评核（4 月 10 日、7 月 10 日、10 月 10 日、次年 1 月 10 日前为评核时间）。

3. 年度评核

每年综合当年各季成绩评核（次年 1 月 15 日以前）。

资料链接

评核指标及权重

指标	经营业绩	员工士气、服务质量	形象环境
权重	40%	30%	30%

（三）评核计分方法

（1）月度评核得分＝例行督查得分（包括不定期督查）。

(2) 季度评核得分=该季度各月得分平均数。

(3) 年度评核得分=该年度各季得分平均数。

(四) 加盟店的分级与奖惩

加盟店的分级如表 8-1 所示。

表 8-1 加盟店的分级

等级	总得分
A 级店	90 分以上
B 级店	80～90 分
C 级店	70～80 分
D 级店(二级店)	60～70 分
E 级店(三级店)	60 分以下

评核为 D 级店或 E 级店,则应列入加盟店二级计划处理,若超过 6 个月仍无起色,由公司总经理与加盟商共同决议是否迁店或关店。

评核为 A、B、C 级店,可给予奖励,奖励方式可以多样化,这样不仅可达到奖励作用,也兼具竞赛娱乐效果。

特许经营体系中有 10 家店以上适用上述分级办法,少于 10 家店时分级与奖惩方式由公司另行决定。

案例评析

这个督导员很好地充当了三个角色:一是监察员,二是教练员,三是协调员。

当自己管辖的店铺出现营业异常时及时巡视。督导员在担当监察员角色的时候,最基本的工作方式是有计划、有重点地进行巡视,及时发现问题,及时解决问题;同时一定要注意观察每一个细微的问题。

当员工需要支持帮助的时候,就需要督导员拿出出色的业务技巧和成功经验,指导和训练员工。督导员在担当教练员角色的时候,要与他人分享自己的成功经验,尽力将工作的成功经验传授给他人,让别人工作得和自己一样出色。

当店铺出现困难一时无法解决时,就需要督导员发动各方面资源,协调各方面关系,帮助店铺解决问题。督导员在担当协调员角色的时候,应充分发挥连锁经营的优势,协调店与店之间的资源,使其达到资源共享,互相照应,迅速解决各种突发问题。

项目小结

本项目介绍了督导总则,督导的组织,督导的内容、标准和方式以及督导的程序。

实操题

绘制一份督导工作流程图。

项目九 特许经营行政管理

问题引入

行政管理工作千头万绪，对于特许经营企业来说，店铺如何做到管理有序、策略有效，是我们必须关注的问题。那么，如何有效实施特许经营行政管理工作呢？

任务导读

- 特许经营行政管理
  - 总部行政管理概述
  - 行政管理组织机构及岗位职责
  - 行政管理流程
  - 行政管理规章制度

学习目标

了解行政管理组织机构及岗位职责、行政管理流程和方法、行政管理规章制度。

任务一 总部行政管理概述

案例导入

小张负责一个加盟店的办公室行政管理工作，每天都有很多琐事要处理，既要参与行政决策，又要管理内部事务，包括会议组织、文件收发、电话转接、礼仪接待、车辆调度等各种事务。

? 问题与思考：

行政管理工作的重要作用是什么？

知识探究

一、总部行政管理的内容

（1）根据各部门拟订的各项计划拟订年度行政计划。
（2）各界参观人员的安排与接待。
（3）各种日常耗材、办公用品、文具器材的采购事项。
（4）公司环境卫生的管理。
（5）公司车辆的管理。
（6）公司员工的日常行为规范考核与监督。

二、总部行政管理的特点

办公室是整个行政工作的执行部门，具有综合性、繁杂性、服务性、严谨性四大特点。

（1）综合性，是指它既要承上启下地协调沟通，又要同外部进行联系；既要参与行政决策，又要管理事务，具有很强的综合性。

（2）繁杂性，即行政工作通常是复杂而具体的日常事务，不但涉及企业的经营决策、生产管理、技术合作和涉外经营等各方面事务，还包括会议组织、文件收发、电话转接、礼仪接待、车辆调度等各种事务。这些事务虽然烦琐，却十分重要，是整个企业行政活动不可缺少的组成部分。

（3）服务性，即它是一个承上启下的机构，既要服务于最高决策层，又要服务于基层部门。

（4）严谨性，即办公室工作尽管头绪繁多，但工作必须事事有交代、件件有落实。

三、总部行政管理的职业素质要求

行政工作是特许经营总部重要的后勤力量，要求有相当职业素质的人员专职负责该项工作。配置的人员要有以下职业素质：

（1）熟悉国家有关特许经营的法律法规。
（2）熟悉公司历史、经营理念与企业文化。
（3）熟知总部的各项规章制度。
（4）善于与人沟通，工作细心。
（5）具有较强的内外协调能力、高度的责任感。

（6）诚实、敬业，热情开朗，有耐心，具有实干精神。

案例评析

行政部门是公司的统筹、决策中心，是管理信息的处置、执行、监督和检查机构。行政工作会影响一个公司中心工作开展的进度和好坏，做好服务保障和日常管理是岗位的最根本要求。

任务二　行政管理组织机构及岗位职责

案例导入

麦当劳店长的岗位职责包括以下几方面：（1）监督和检查营业员、收银员等作业；（2）负责对职工考勤、仪容、仪表和服务规范执行情况的管理；（3）负责对员工的培训教育；（4）妥善处理顾客投诉和服务工作中发生的各种矛盾；（5）监督门店内外的清洁卫生，负责保卫、防火等作业管理；（6）全盘管理和组织。

？问题与思考：

店长履行岗位职责对一个加盟店的重要作用是什么？

知识探究

一、行政管理组织机构

行政管理组织机构如图 9－1 所示。

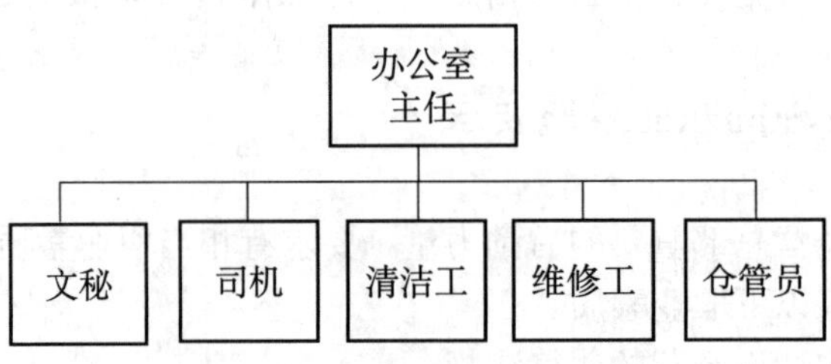

图 9－1　行政管理组织机构

二、行政管理岗位职责

（一）办公室主任岗位职责

(1) 依据各部门拟订的各项计划，积极实施所需本部门支持的事项，作为全公司的最重要的后勤补给者。

(2) 拟订长期与短期公共关系发展方案及预算。

(3) 各界参观人员的安排与接待。

(4) 代表公司对外发布非营销性质的消息。

(5) 各单位事务性质工作的协助，如办公室布置及清洁工作等。

(6) 负责设备器材、日常耗材、办公用品、文具器材、事务性用品等适时、适质、适量的采购事项。

(7) 公务用品厂商资料、交易条件等有关文件的编号及建档。

(8) 采购过程询价、比价、议价的处理事宜。

(9) 各项采购与公务工作进行评估与考核。

(10) 公司总部财产的编制、保养、维护、盘点的管理。

(11) 对外公文的撰写、拟稿（用印）事项的管理。

(12) 对司机、清洁工的派用与监督。

(13) 公司车辆的出车及维修的管理。

(14) 公司总机、话务礼仪的管理。

(15) 负责对本部门工作结果分析，对员工奖惩、成绩与过失的评估及处理。

(16) 定期对本部门工作进行分析及评估，并指导部门所属人员进行整改。

(17) 在本部门所属人员需要公司支援时，给予相应支援及与其他相关部门协调处理。

(18) 对本部门所属人员规划的工作建议进行审核、评估、试行、奖励。

(19) 与其他部门紧密协作，完成上级领导布置的其他工作任务。

（二）文秘岗位职责

(1) 协助上级主管完成总经理安排、分配的工作任务。

(2) 接受上级主管安排、分配的各项要求及工作任务，并负责执行完成。

(3) 负责协助上级主管对办公室工作的计划、构思及协调安排。

(4) 负责公司文件的收发、登记及分发各内部单位的管理。

(5) 负责公司文件、资料档案的建立管理工作。

(6) 协助上级主管接待与安排各界参观人员。

(7) 负责对内外公文的写作、拟稿事项。

(8) 负责对内外公文的电脑录入工作。

(9) 与其他部门紧密协作，完成上级主管布置的工作任务。

（三）司机岗位职责

（1）按“车辆审批单”指定路线出车，保证出车安全。

（2）负责车辆的日常保养、维护、填表作单工作。

（3）负责提货业务，包括点收、验看、运输、交接单证，保证商品运输安全。

（4）接受直接上级领导的业务培训，完成领导下达的工作任务。

（四）清洁工岗位职责

（1）负责公司内部的日常清扫工作。其他区域可根据实际情况制订合理的清洁计划，自行安排时间予以清扫，包括卫生间、楼梯、楼厅等。

（2）接受主管安排、分配的其他临时性工作。

（五）维修工岗位职责

（1）定时巡查，做好维修保养。认真接待报修，做好记录，并及时修复。

（2）积极采取措施，节约水、电、煤。

（3）认真做好防暑、防冻、防台的各项常规和突击工作。

（4）保管、保养好所用工具。

（5）认真完成领导交办的其他工作。

（六）仓管员岗位职责

（1）熟悉各类物品用途、性能及防病、防锈、防火、防爆知识，熟悉所管物品的名称、商标、规格、品种、单价、用途和库存位置。

（2）制订下月耗用材料计划，根据实际库存情况决定请购数量并报审批。

（3）严格出入库手续。购进材料、工具在进库前必须验收数量及质量，合格无误方可进库。出库按先进先出原则。

（4）负责对经过检验合格的物资按指定位置入库，核实后登记入账。发现问题及时与采购员联系。

（5）物品管理做到分类摆放、编号入架，建立物品保管卡片。对所管理物资材料要分门别类，妥善保管，严禁损坏或丢失。各类物资必须做好标识，并清晰明了，每月一盘库。

（6）保持仓库环境的温、湿度，并做好清洁工作，易腐、易碎、易燃、易挥发物品应另外放置，配备好必要的灭火器材。

（7）做好仓库的防火、防潮、防水、防虫、防盗工作，确保仓库物品的质量和安全。防止因管理不善而造成的材料、工具、设备降级和报废。

（8）完成上级临时交办的其他工作。

案例评析

店长要有综合管理能力和组织协调能力，才能使一个加盟店正常运转。

任务三 行政管理流程

知识探究

一、行政管理总流程

行政管理总流程如图 9－2 所示。

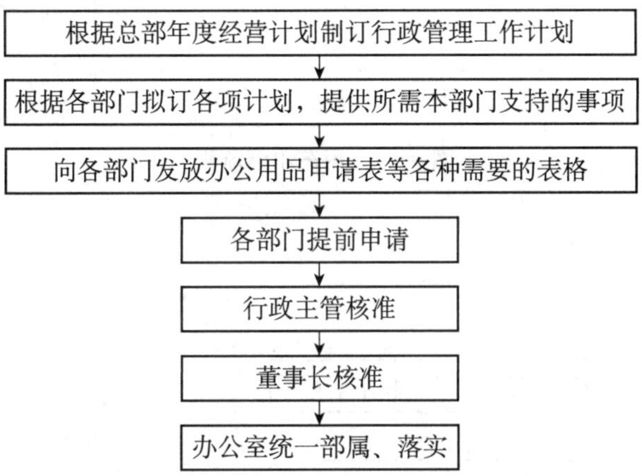

图 9－2 行政管理总流程

二、行政管理子流程

（一）办公用品申请领取流程

办公用品申请领取流程如图 9－3 所示。

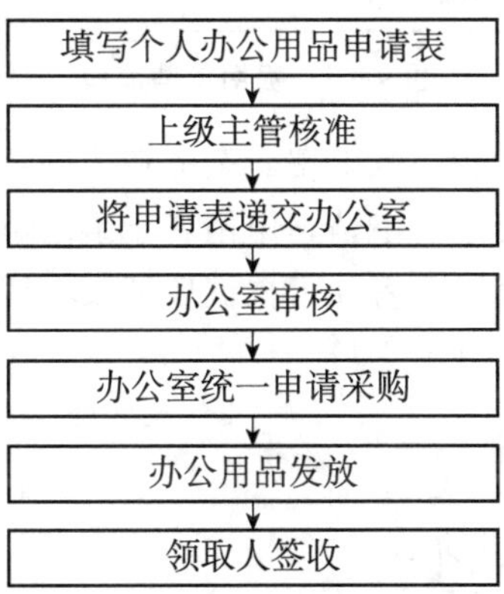

图 9－3 办公用品申请领取流程

（二）用车申请流程

用车申请流程如图 9-4 所示。

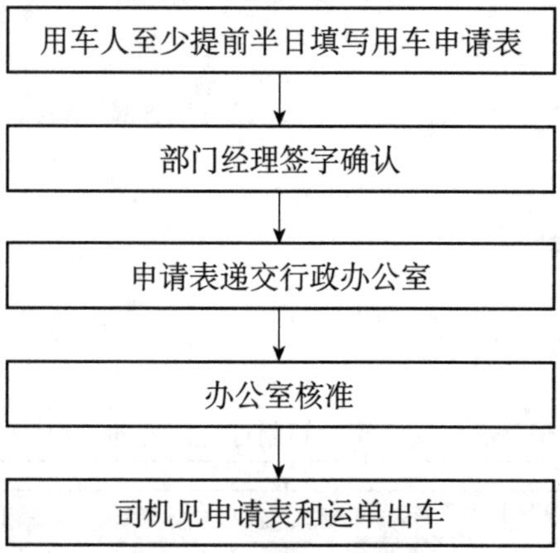

图 9-4　用车申请流程

（三）费用申请流程

费用申请流程如图 9-5 所示。

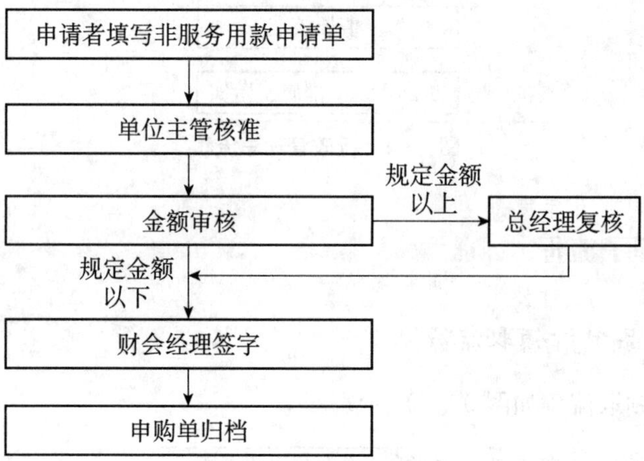

图 9-5　费用申请流程

费用包括汽车燃料费、交通费、邮电费、杂务费、修缮费（车辆、设备、财产）及其他公司指定的杂项支出。所有费用的申请，申请者于事前填妥用款申请单，呈有关主管核准。有特殊情况且支出在 500 元以下者，可根据凭证及零用金申请单，经主管核准后，支领零用金。

（四）文件收发管理流程

文件收发管理流程如图 9-6 所示。

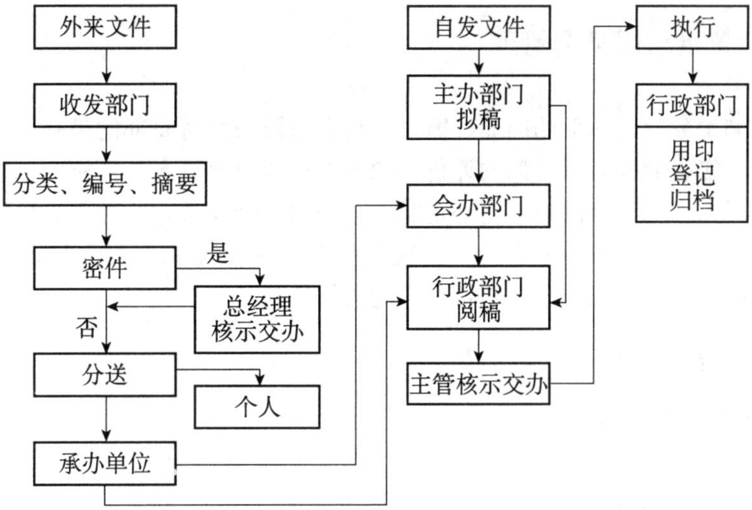

图 9-6　文件收发管理流程

任务四　行政管理规章制度

案例导入

某特许经营公司召开年度加盟商大会，公司高层领导、来自全国各地加盟商以及业内精英 700 多人参会。大会上，公司总裁、副总裁、营运中心总经理分别做了主题演讲，在解读行业背景的基础上，对公司多年来的成就以及本年度的工作进行了肯定，并对公司未来发展提出了更高的目标与要求。

? 问题与思考:

特许经营公司的加盟商大会有何意义?

知识探究

一、行政管理工作人员守则

（1）兢兢业业、求稳务实。

（2）努力学习、不断创新。

（3）廉洁奉公、不谋私利。

（4）积极沟通、不厌其烦。

二、电话总机与服务台管理

电话总机和服务台是总部的门面、窗口，是客户及来宾对总部的第一印象，其服务态度及工作表现直接影响外界对总部的评价。如果潜在加盟商、产品供应商来电一直无人接听或来宾上门无人理睬，他们的感觉必定是这个公司的管理很差。总部为精简人力或节省费用，常将电话总机与服务台两者合一，这本是无可厚非的。但总机外线号超过 10 线或未装设自动转接系统者，二者合一则常有顾此失彼的缺点。

（一）电话总机管理

1. 电话总机人员应具备的素质

（1）口齿清晰、音质温柔。

（2）反应灵敏、动作迅速。

（3）有耐心及责任感。

2. 电话礼仪

（1）以最快的速度接听来电（最好响铃不要超过三声）。

（2）在接听电话时，有第二线接入，如果确定不可能在数秒中结束，应先暂停接听，并说“对不起”“请稍候”，立刻先接第二线，并以最快的速度解决，再切回第一线继续接听。

（3）如果耽搁过久，则应向来电者先行抱歉。

（4）如果分机占线，则应向来电者说明“对不起，××分线还在占线，是否等一会儿再拨?”如果是加盟商、店主或主管级的来电或是常来电的熟人，则可在便条纸上记下来电者姓名、电话号码等并转知当事人回电。

（5）无论来电者是口气不佳还是言语不净，都不应动气回驳，必要时应转请主管处理。

3. 总机管理

（1）负责总机人员应提早 15～30 分钟上班，并晚 15～30 分钟下班。

（2）中午休息时间，应安排其他同事轮流值班。

（3）上班时间如有需要必须离开总机台时，应找同事暂时代理，不得任由电话无人接听。

（二）服务台管理

1. 服务台的人员及配备

（1）服务台的服务人员多由女性员工担任，仪表端庄，口齿清晰。

（2）服务态度及礼节应严格要求。

（3）工作中可安排一些其他的行政工作，不得阅读报纸、杂志、书籍或吃早餐、零食，也不得从事其他私人的事务。

（4）服务台应配有与公司内部联络的电话，配有“访客留言登记簿”以供来访未遇时登记留言。应有沙发、茶几、报架等，供来宾暂时等候时所用。

2. 服务台的工作重点

（1）对非总部人员进入，应主动询问，了解来访目的及机构、姓名，必要时可请其出示身份证件。

（2）应以电话联络来访对象，以确定是否有空或接见，并请来访者在沙发稍坐等候。如等候时间过久，应主动再联络公司同事，并委婉告知来访者等候原因。

（3）被访的同事应至服务台接来访者至会客室，不得由来宾自行进入。

（4）来访者如为主管要接见的贵宾，应立即与主管的秘书联络，由秘书前往引导，如果主管正在开会，而服务台人员本身工作不太忙，应代为引导。但不得耽搁过久，使服务台空缺。

（5）对事先预定来访的贵宾，服务台人员应随时注意，可至门口处欢迎。

（6）对不速之客或推销货品的人员，应礼貌地请其留下名片或委婉地拒绝。

3. 来宾接待

（1）来宾进入会客室或贵宾室后，应立即通知行政人员或接待人员送茶。

（2）会客室应保持整齐、清洁，不堆放无关物品。

（3）来宾走到服务台前询问时，应起立应对，面带笑容。如手上并无其他工作，应随时注意门外，起立相迎，使来宾有受重视感及亲切感。

（4）对投诉的客户，应立即请往会客室，并请主管出面，不要让其在服务台前大声喊叫，有损公司形象。

4. 同事外出登记

同事进出也需登记，可于服务台设置“同事外出登记簿”，在出门前先将时间填入。

三、办公用品管理

（一）办公用品项目

1. 文具用品

（1）档案夹、订书机、笔记本。

（2）各类表单、信封、信纸、公文纸、影印纸、色纸、报表纸。

（3）公文架、名片、印章、卷宗。

（4）剪刀、刀片、橡皮擦、尺、水、胶带、修正液。

（5）圆珠笔、彩色笔、签字笔、粉笔、水彩笔、钢笔、铅笔、笔芯。

（6）照相机、打印机、墨盒、纸张、胶卷、录音设施。

（7）其他未列项目。

2. 杂项

（1）茶叶、一次性水杯、抹布。

（2）电线、电插头、门锁、电池、灯管。

（3）洒扫用品、垃圾桶、清洁剂、卫生纸。

（4）其他未列项目。

（二）办公用品的请购及采购

（1）总部所需的办公用品统筹由行政单位负责请购。

（2）行政人员应定期寻找办公用品的供应厂商，并掌握其供应价格的变动。

（3）采购各项办公用品时，应货比三家，根据价格、品质、服务等来决定。

（4）每次采购须于事前填妥申请单，呈报单位主管核准后，方可进行采购。

（5）各单店由店长填写请购单，并传真至主管部门，经主管部门核准并批示自行购买回传后，各店才能动用备用金购买。

（三）办公用品的修缮

（1）各单位专用的办公用品由使用部门填写“请修单”，经请购、请修等程序核准后，由行政人员议价请修。

（2）各单位共同使用的办公用品由行政人员填写“请修单”，经行政人员议价、经核准后，由行政人员请修。

（四）办公用品的领用

（1）员工欲领用各项办公用品时，应填写“办公用品申请单”。

（2）申请领用经核准后，向用品的保管者领用。

（3）申请者需经单位主管签准后，向行政部门申领。

（4）行政部门再依“公务用品申请单”进行列账管理。

四、印务管理

（一）估价及付款条件

（1）公司对外委托印务时，应价比三家。

（2）除价格因素，尚须注意付款条件的综合比价。

（二）服务品质

（1）除确保公司的行政效率，对外发包印务时，应考虑交货速度。

（2）厂商的印刷设备、印刷的品质也是委托交印时所需注重的因素。

（三）评估呈核发包

（1）经上述的条件要求后，印务负责者应综合评估。

（2）评估后，将估价单及综合评估一并呈主管核示。

（3）第一次新制表单须经管理单位签核后，行政单位才能开始发包印制。

（四）跟催控制、点收

（1）行政单位在印务发包后，应密切跟催作业进度，务必在所要求的条件下完成。

(2) 控制品质符合标准要求。
(3) 交件点收时应注意交件时间、数量、交件地点。

(五) 存档备查

印刷品应建立档案存档备查，以备未来印刷及评估之用，存档内容应包括：
(1) 样张、印刷单位、电话、地址、每次数量、价格。
(2) 常备印刷品进货、存量、领用。

五、车辆管理

(一) 车辆分类

(1) 单位部门专用车，即专供特定单位使用者。
(2) 个人专用车，即专供特定个人使用者。

(二) 车辆保管

(1) 车辆使用单位或个人应负责车辆的保管、维护、送修及定期检查，车辆有遗失、不正常使用、损坏情况时，保管者应负赔偿之责。

(2) 车辆使用单位或个人应将每月加油、保养维修等有关情况细载于车辆行车保养维修记录表上，并于每月规定日之前将上月记录交行政人员。

(3) 总务人员应负责公司车辆的采购、新领照、保险、索赔、送修及肇事的协助处理等事宜。

(4) 车辆使用单位或保管人应将每三个月一次的车辆定期检查结果登记于“车辆定期检查记录表”上，并交总务单位。

(5) 总务人员应将公司车辆的保险、重大修缮等记录下来，存档备查。

(三) 费用申报

(1) 油费、保养费、修缮费等应持有关单据，依费用申请及核准程序申报。

(2) 若情况紧急，需事前口头向单位主管报告，由主管转告总务单位后将车辆送修，并于事后填补“请款单”。

(四) 违规肇事处理

(1) 非因公事开车，驾驶员本身违规或肇事，所支出的修缮金额及罚款，由驾驶员自行负责，并追究行政处分。

(2) 因公事开车，遇不可抗力而肇事者，除由保险公司理赔的金额外，所超出的修缮费用由公司负担。

(3) 因公事开车，发生交通事故或违规而被开罚单者，若因驾驶员的过失，由驾驶员自行负担；因送货等业务行为且经公司核备后的情况下，如违规停车，由公司负担。

（五）定期保养标准

（1）每天出车前应确保车辆清洁。
（2）定期清洗打蜡。
（3）正常情况更换各项消耗品的行驶里程应当合理。
（4）不正常情况及非正常里程下的损耗，须先呈报总务单位经核准后更换。

六、文书资料管理

（一）适用范围

（1）公司外来文件，包括邮件、传真。
（2）公司对内的签呈、档案归档等。
（3）公司对外发文邮件、传真等文件的处理。

（二）行文种类

（1）人事命令。包括任免、迁调、奖惩。
（2）公告。各单位就主管业务，向公众或特定的对象宣布时使用，其方式是张贴于各单位的布告栏，或利用报刊等大众工具广为宣布，例如征稿。
（3）函。各单位对所执行公务有下列情形时使用：
1）上级单位对所属单位有所指示、交办、批复时；
2）下级单位对上级单位有所请求或报告时；
3）平行单位或不相隶属的单位间行文时。
（4）简便行文表。答复简单公务的业务，寄送文件、书刊或为一般联系、查询等事项行文时使用。
（5）其他行文。包括报告、便笺、聘书、证明书或聘（雇）契约书、记录、提案等，依职务、业务性质及处理方式等使用。

（三）办公稿件稿面栏位填写

（1）文别。依行文的用途书写。
（2）受文者。应写明全称、地址。非众所周知者，应注明。
（3）行文单位或副本收受者，应分别逐一填明。
（4）速别。填“最速件”或“速件”等，普通件不必填写。
（5）密级。注明机密等级及解密条件，如非密件则不必填写。
（6）附件。应注明名称及数量。
（7）承办单位。注明主承办单位。
（8）承办人。由承办人员签名或盖章，注明办稿的年、月、日。

（四）收发管理

（1）收文。外来文件由行政部统一收件。

（2）发文。本公司对外发文，由行政部统一送邮局。

（3）分文。行政部应依下列规定处理收受的文件：

1）公务文件：编号登记后，由各部门主管批示后分发给各主办单位。

2）私人函件：普通函件由所属部门转送，挂号函件通知本人签收。

（4）会办。内容涉及其他单位，应分别会商，以免意见分歧。各单位收到会签的文件，应在指定时间内处理完，送回原会签单位，以明责任。

（五）签呈管理

1. 签呈分类

（1）最速件：关系公司整体运作，需立即核示交办者。

（2）速件：关系公司整体运作或单位业务的运作，需当天核示交办者。

（3）普通件：一般的行政业务。

2. 签呈管理流程

签呈管理流程如图 9－7 所示。

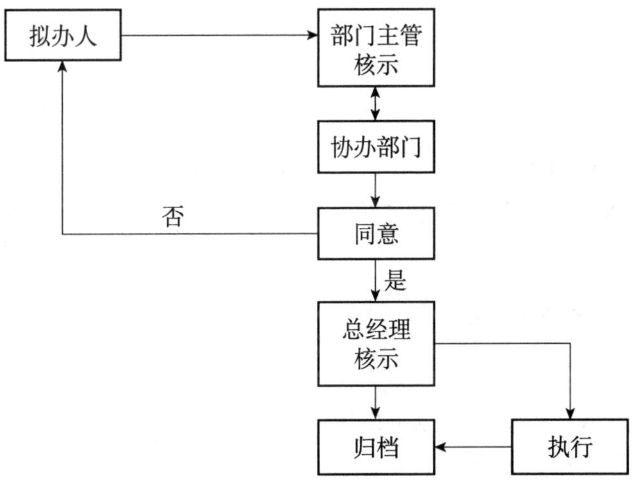

图 9－7 签呈管理流程

3. 签呈文件归档

经核示同意执行后，将其文件依档案管理、归档。

4. 执行

经核示同意后交办，应确实执行；遇与原拟案不同的情况，进行修改后，由承办单位再拟案核示。

5. 追踪

交办的拟案由主办单位负责承办，该部门主管应负责追踪跟催，并于会议上主动提报。

（六）公告流程

公告使用于公司政令、宣达人事变动及奖惩等需向全体员工公布的文件。公告流程如图 9－8 所示。

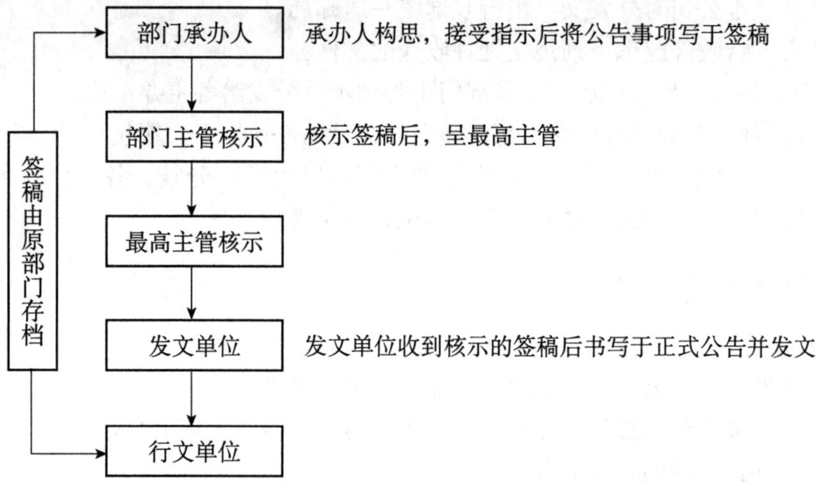

图 9-8 公告流程

七、档案管理

（一）总则

（1）各单位应设置档案管理人员，依档案管理原则，统一管理档案。

（2）各单位的档案管理人员应与文书人员相互联系、密切配合，各单位间的权责应明确划分。

（二）档案管理作业过程

1. 点收

档案管理人员点收文件应注意以下事项：

（1）文件不全者，退还补正。

（2）文件有污损或字迹模糊，要求补正。

（3）存查文件，未经批准者，退还补正。

（4）附件漏送或附件未全，未经签准而抽存者要求补正。

（5）原件附有不应归档的附件者，应将原件连同附件退还更正。

（6）归档的文件经详细检查无误后，应于归档表及公文上盖点收戳。

（7）应归档而未归档的公文，应由单位主管督促归档。

2. 分类

根据档案内容的性质，归入分类表中最适合的项目。

3. 编号

（1）按日期分类。

（2）按部门分类。

（3）按流水号分类。

4. 入档

入档是指将档案存置于指定的书架或文件柜中。

5. 排列

排列是指将档案或卡片按一定的次序排列。

6. 检调

检调是指依有关目录迅速查得所需的案件，供业务单位参考。

（1）检调档案以与承办单位业务有关者为限。

（2）调阅非主管案件，应经有关单位主管同意，或经单位主管核准。

（3）档案借出时，应将所调档案及调案人服务单位、姓名、借出日期登记于调案记录卡，并将记录卡放置于原卷夹袋内，以便随时催查。

（4）调案人不得在档案管理处所擅自检取或翻阅抄录案卷。

（5）借调的档案不得泄密、拆散、涂改、抽换、增损、转借、转抄、遗失，非经签准不得复印。

（6）借调档案以 7 天为限，届期仍需使用的，需再申请。借出档案如有急用，需随时催还。

（7）档案归还后，应在调案记录卡上注明还案日期。

7. 清理

定期检查档案，适时销毁。档案区分为永久保存和定期保存两种。依其内容价值与有关法令的规定确定存废标准。档案的保存年限以业务主管单位的审核为准，并依其业务需要编订，经权责主管核准实施。档案管理单位依据分类目录，逐案核对，每年定期清理一次。各种会计凭证的销毁，应依照会计法有关规定办理。已销毁的档案应在相关目录上加盖“××××年××月××日奉准销毁”的字样。机密的档案应俟机密等级消失后办理。

八、印信管理

（一）印信的种类

（1）图记：主管机构登记的公司印鉴与公司印章及特定业务专用章。

（2）职衔签字章：刻有董事长、总经理等职衔签名的印章。

（3）部门章：刻有部门及各店别的印信。

（二）印信的申请制发、换发

公司印信在申请制发、换发、补发时，除有关主管机构明文规定外，一律以标准规格由行政部门统一制作。

（三）印信的使用保管

（1）监印人员，即印信保管人。

（2）保管（监印）人员，由主管指定。

（3）印信盖用。经办人使用印信，应填具“盖用印信申请单”，经呈核准后，以申请用印，监印人员除在文件上用印外，应在“盖用印信申请单”上加盖使用的印信后，由监印人留存备查。

（四）印信的管理制度

（1）公司印信、私章，非有必要，不得携带外出用印。如有必要时，经办人应在“盖用印信申请单”上填具使用时间，经核准后借出。

（2）印信经管人注意事项：

1）监印人员用印时，发现原稿未经批核，应退还批核或更正后再用印。

2）经管人员对所经管印信应妥善保管，不得转借使用，经管的印信如有遗失，应报告主管做必要处理。

（3）印信的使用、保管、核准用印权限，依“印信一览表”的规定办理。

（4）监印人员（印信经管人员）移交时，填制“印信登记表”一式两份，一份留经管人员存查，另一份留行政单位存查。

九、库房管理

库房管理要建立完整的库存明细账，库管人员根据出入库情况据实记录库存明细账，做到账实相符。

（一）出入库手续

（1）采购物品由办公室主任审签后方能办理入库手续，填写入库单。

（2）物品出库需由办公室主任签字方可出库。建立库存商品领用备查账目，物品出库须由领用人签字。

（3）库管人员每月底向财务报送一份“材料出入库明细表”，以便核查。

（二）库管人员的安全职责

（1）保管好库内一切物品，防止物品损失。

（2）合理安排物料在仓库内的存放次序，按物料种类、规格、等级分区堆码，不得混合乱堆，保持库区的整洁。

（3）保持库内卫生，防止漏水、火灾等安全事故的发生，发现事故隐患及时上报，对意外事件及时处置。

（4）库管人员不得私自外借、送库内物品，做到出入库账目清楚、手续齐全。

（5）做到以公司利益为重，爱护公司财产，不得监守自盗。

（6）做好库房保卫工作，防止盗窃。

（三）赔偿处理

库房管理人员有下列情况者，应送总经理议处或赔偿双倍的金额：

（1）对所保管的财物有盗卖、调换或化公为私等营私舞弊者；

（2）对所保管的财物未经报准而擅自移转、借出或损坏不报告者；

（3）未尽保管责任或由于过失致使财物遭受被窃、损失或盘亏者。

（四）存货盘点制度

（1）盘点范围：包括物料、办公设备、办公用品等。

（2）盘点方式：季末盘点。每季末由办公室及财务部门对所有存货实施全面清点一次，以当期20日举行为原则。

（3）月份检查：由办公室和财务部门做存货随机抽样盘点。

十、会议管理

（一）会议的分类及组织

1. 公司会议

主要包括公司领导层会议、加盟商务会议、全公司员工大会、全公司技术人员会议。应分别报请公司董事会、公司办公室批准后，由办事部门分别负责组织召开。

2. 专业会议

包括全公司性的技术、业务综合会，由分管公司领导批准，主管业务部门负责组织。

3. 系统和部门工作会

由部门领导决定召开并负责组织。

上级或外单位在总部召开会议（现场会、报告会、办公会等）或全公司性的业务会一律由行政办公室受理安排，有关业务对口部门应做好协作工作。

（二）会议的安排

（1）为避免会议过多或重复，全公司正常性的会议一律纳入例会制，原则上要按例行规定的时间、地点、内容、组织召开。

（2）凡已列入会议计划的会议，如需改期或遇特殊情况需安排其他会议时，召集单位应提前两天报请公司办公室调整会议计划。

（3）凡涉及多个部门负责人参加的各种会议，均须于会议召开前两日经部门或分管公司领导批准后，由办公室统一安排，方可召开。

（4）对于准备不充分、重复性或无多大作用的会议，办公室有权拒绝安排。

（5）对于参加人员相同、时间和内容接近的会议，可安排合并召开。

（三）会议的准备及记录

所有会议主持人和召集单位与会人员都应分别做好有关准备工作，包括拟好会议议程、提案、汇报总结提纲、发言要点、工作计划草案、决议决定草案、落实会场，备好座位、茶具茶水、奖品、纪念品，通知与会人等。会议议程、提案、汇报总结提纲、发言要点、工作计划草案、决议决定草案等提前半天提交给有关负责人。

会议应有专人负责记录。公司会议由办公室主任担任会议秘书，负责会议纪要工作，办公室人员配合会场服务；专业会议等部门会议由领导指定会议秘书。会议纪要应于当日成文并存档。

十一、制服管理

（一）制服发放

（1）制服由公司统一发放、管理。
（2）式样及颜色由行政部门拟妥，呈总经理决定后执行。
（3）新招聘的员工应为其量身定制制服。

（二）制作时间

（1）制服的制作以一年一次为原则。
（2）每年应根据实际情况在合理的时间对制服进行定制发包与发放。

十二、环境管理

环境管理是指企业工作环境的清洁、美化、维护、整理、整顿，其目的不仅是给员工一个优雅的工作环境，也能让外界的来宾及参观者有良好的印象。对于做好环境管理工作，行政部门是责无旁贷的，也需全体员工的维护。

（一）环境清洁

（1）办公场所的清洁。
（2）厕所、洗手台的清理。
（3）会议室、会客室的清洁。
（4）高级主管办公室清理。

（二）环境美化及维护

（1）办公室内盆景的维护及更换。
（2）室内照明、电梯的维护。
（3）壁面广告、招牌的维护。
（4）卫生设备、饮水设备的维护。
（5）标语、布告栏的维护。
（6）消防设施的维护、更新。

（三）环境检查

1. 主管办公室的检查

（1）地面是否清扫干净。
（2）垃圾是否已清倒。
（3）茶杯是否清洗过。

（4）门窗玻璃是否明亮。

（5）茶几上是否有杯、盘未加清理。

（6）办公桌面是否已清理擦拭。

2. 会议室、会客室的检查

（1）地面是否清扫干净。

（2）桌面是否有茶杯、杂物、烟灰等。

（3）烟缸是否已清洗。

（4）橱柜内的物品、奖杯等是否摆放整齐。

（5）墙上的日历、时钟是否准确。

（6）垃圾是否已清倒。

（7）照明、空调、桌椅是否有损坏待修者。

其他如门口、卫生间等特定公共场所也需检查。主管需每日依照检核表检查，也应要求负责该区工作的同事依检核表整理、清扫，才不会有所漏失。

（四）环境整理及整顿

环境整理及整顿是由行政单位推动、全员参与的活动，其内容包括：工作的规律化、用品工具摆置的固定化、环境的整洁化。营造一种氛围，使员工养成规律的、科学的工作习惯，进而形成整齐、清洁的工作环境。

案例评析

特许经营公司的加盟商大会的意义在于总结过去、展望未来，表彰加盟商的工作业绩，并对加盟商未来发展提出更高的目标与要求。

项目小结

本项目介绍了总部行政管理概述、行政管理组织机构及岗位职责、行政管理流程、行政管理规章制度等内容。

实操题

绘制一份行政管理总流程图。

参考文献

1. 朱明侠．特许经营手册设计．北京：中国人民大学出版社，2013.
2. 李维华．特许经营理论与实务．北京：机械工业出版社，2005.
3. 曹静．连锁店开发与设计．上海：立信会计出版社，2012.
4. 吴一夫．开店管店转店最新实用手册．北京：中国言实出版社，2004.
5. 张涛．店铺经营管理培训教程．北京：中国大地出版社，2004.